SUTTON
VERLAG

Der Winter im Weinviertel kann voller Romantik sein.

Elisabeth Schöffl-Pöll
&
Otto J. Schöffl

Weihnachten
im
Weinviertel

SUTTON
VERLAG

»Lasst auch dies Jahr gesegnet sein«, Ludwig Richter.

Titelbild: Eine Weihnachtskarte aus dem Jahre 1915.

Sutton Verlag GmbH
Hochheimer Straße 59
D-99094 Erfurt
www.suttonverlag.de

Verlagsrepräsentanz Österreich
Obkirchergasse 21/7
A-1190 Wien
www.suttonverlag.at

ISBN: 978-3-95400-201-6
Druck: CPI books GmbH, Leck

Inhaltsverzeichnis

Fröhliche Weihnachten! – Österreich
Buon Natale! – Italien
Happy Christmas! – England
Merry Christmas! – USA
Joyeux Noël! – Frankreich
Feliz Navidad! – Spanien
Feliz Natal! – Portugal
Prettige Kerstdagen! – Holland
Wesolych Swiat! – Polen
God Jul! – Schweden
Sretan Bozic! – Bosnien
Glaedelig Jul! – Dänemark
Hyvää Joulua! – Finnland
God Jul! – Norwegen
Sretan Bozic! – Kroatien
Gledileg Jól! – Island
Linksmu Kaledu! – Litauen
Streken Bozhik! – Mazedonien
Mutlu Noeller! – Türkei
Kellemes Karacsonyt! – Ungarn
Shinnen omedeto! – Japan
Geseende Kerfees! – Afrikaans
Kala Christougenna! – Griechenland

Vorwort

Weihnachten im Weinviertel

Das niederösterreichische Weinviertel ist ein seit 8.000 Jahren durchgehend besiedeltes, fruchtbares Land. Seine Geschichte war wechselhaft und sein Reichtum an Traditionen ist groß. Besonders nach der Grenzöffnung zum Osten wurde das Land noch attraktiver und kehrt seither die Gastfreundschaft noch mehr hervor. Das Weinviertel basiert auf drei Säulen: Brot, Wein und Kultur. Besonders in der Weihnachtszeit besinnen sich die Menschen hier auf jene Werte, die sie von ihren Vorfahren übernommen haben, entwickeln aber auch neue Bräuche. Mit dem landläufigen Herbergsuchen, Adventkalendern, kirchlichen Feiertagen, Roratemessen, Chorkonzerten und den Weihnachtsmärkten mit ihren Punschhütten, von denen ein betörender Duft nach Zimt, Muskat und Gewürznelken ausströmt, tasten sich die Weinviertler und ihre Gäste vier Wochen lang an das ersehnte Weihnachtsfest heran, das in Niederösterreich in der Regel als Familienfest gefeiert wird. Die Friedensbotschaft, die uns die Geburt Jesu verkündet, soll Licht ins Dunkel bringen. Ausgehend vom Familiengedanken wünscht man sich Frieden in der Welt und Frieden mit sich selbst.

Nicht nur für Kinder ist die Vorweihnachtszeit eine Zeit voller Erwartungen. Der Advent lädt alle Menschen ein, fernab von Pflichten und Terminen einfach abzuschalten und sich auf wichtigere Dinge zu konzentrieren. Feiern und Besinnen sollen wieder im Mittelpunkt stehen. Man will der Sehnsucht nach Romantik gerecht werden und wehrt geschickt negative Einflüsse von außen ab. Das Singen, Vorlesen, Backen, Basteln und das Schenken haben ihre Bedeutung im Weinviertel nie verloren, ja genießen von Jahr zu Jahr größeren Zuspruch. Es gibt zahlreiche besinnliche, aber auch fröhliche Anlässe, dem Weihnachtsfest entgegen zu gehen.

Sehnsüchtig wird allerorten auf Weihnachten gewartet.

Alle jedoch tragen dazu bei, dass ein friedvolles Weihnachtsfest nicht bloß Wunschtraum, sondern erfüllbare Wirklichkeit wird.

In der Folge wollen wir nicht nur den Weinviertlern, sondern all jenen, die dieses Büchlein zur Hand nehmen, einen Leitfaden zum Feiern eines stillen oder fröhlichen Advents mit dem Höhepunkt Weihnachten vorlegen.

Elisabeth Schöffl-Pöll und Otto J. Schöffl

1. Die Adventzeit

Der erste Adventsonntag ist da. Das Warten auf das Christkind beginnt. Märkte locken allerorten. Überall duftet es herrlich nach Lebkuchen. Zeit für Stille und Besinnlichkeit, aber auch für Fröhlichkeit.

Advent
ist nicht machbar – nicht kaufbar – nicht erzwingbar.
Advent geschieht.

Advent
ist nicht Dezember – nicht Kalender – nicht Termin.
Advent ist Kreis! Ohne Anfang – ohne Ende.

Advent
ist Reifen – ist Schwangerschaft der Liebe.

Advent
sind wir. Du und du und ich.

Advent
kann man nicht be-greifen, nur er-greifen,
nicht auf-halten, nur frei-halten,
nicht fest-setzen, nur los-lassen.

Advent
lässt sich nicht be-schenken, nur ver-schenken.

Eine gute Zeit der Schwangerschaft,
dann kann Weihnachten – Geburt – geschehen!

»Die Familie am Kachelofen«, Ludwig Richter.

Der Brauch des Herbergsuchens

Ein schöner alter Brauch ist das Herbergsuchen. Dabei werden von einem Buben und einem Mädchen in Begleitung von Kindern und Erwachsenen eine Marienstatue mit Kind oder Heiligenbilder mit Laternen und Lichtern durch die Straßen getragen. An manchen Türen klopft man an und wird abgewiesen. So will es die Tradition. Aber zum Schluss wird man eingelassen. In diesem Haus findet sodann die Adventfeier statt. Im begleitenden Lied heißt es in der ersten Strophe: »Wer klopfet an? O zwei gar arme Leut'! Was wollt Ihr dann? O gebt uns Herberg heut! Nein, o nein, das kann nicht sein, so geht nur fort, ihr kommt nicht rein!« So geht es einige Male, bis am Ende der Hausherr einlädt: »Kommt nur herein! Wir wollen Herberg' für euch sein«, und die Bittenden einlässt.

Ein anderer Weinviertler Brauch ist jener der »Wander-Muttergottes«. Eine holzgeschnitzte Marienstatue wird von Wohnung zu Wohnung, von Haus zu Haus getragen mit der Bitte, sie für vierzehn Tage zu beherbergen. Dadurch mögen Menschen Trost und Hoffnung erfahren.

Herbergsuchen

Elisabeth Schöffl-Pöll

So viele Türen sieht der Mensch,
doch keine führt zum Raum.
Manch Hoffnung, die er in sich birgt,
enthüllt sich nur als Traum.

So viele Wände hat der Mensch,
und dennoch ist ihm kalt.
Er spürt die Grenzenlosigkeit,
und findet kaum noch Halt.

So viele Wege geht der Mensch,
doch kein Weg führt hinaus.
Wie viele Schritte er auch setzt,
er kreist zurück zum Haus.

So viele Menschen kennt der Mensch,
kaum einer ist ihm nah.
Es ist, als ob die Welt für ihn
voll Dunkelheit nur war.

So viele Türen sieht der Mensch,
doch eine führt hinaus
in eine lichterfüllte Welt,
und dort ist er zu Haus.'

Zimtstange und Rosine

Elisabeth Schöffl-Pöll

Es war am ersten Adventsonntag, als sie einander zum ersten Mal sahen, Zimtstange und Rosine. Sofort fühlten sie eine starke Neigung zueinander. »Wenn er nicht so ein langer Lulatsch wäre«, dachte Rosine bei sich.

»Wenn sie nicht so eine nudeldicke Dirn wäre«, dachte Zimtstange im Stillen. Ein erstes Rendezvous war nur eine Frage der Zeit.

Wenn Zimtstange Rosine umarmte, musste er sich zu ihr hinunter beugen. Wenn Rosine ihre Arme um den Hals von Zimtstange legen wollte, musste sie sich strecken.

»Was für ein harmonisches Bild«, sagten die Spaziergänger, wenn sie Zimtstange und Rosine einhergehen sahen. Sie sahen nicht mehr aus wie Zwei, sondern wie eine Skulptur.

Ein Weiser kam des Weges. Beim Anblick von Zimtstange und Rosine kam ihm sofort ein Bild in den Sinn. Er hatte einmal einen Baum gesehen, durch den ein Stacheldraht lief. Der junge Baum war nahe am Zaun gepflanzt worden. Als die Zweige zu wachsen begannen, schlossen sie den Stacheldraht ein. Es war ein schönes Bild, zumal der Baum nicht beschädigt und der Draht nicht verbogen war. Das Bild erinnerte ihn an Zimtstange und Rosine. Außerdem kam ihm die Bibelstelle in den Sinn. »Was Gott verbunden hat, kann der Mensch nicht trennen.«

Und er segnete Zimtstange und Rosine.

»Winter«, Ludwig Richter.

Advent, Advent, ein Lichtlein brennt …

Volkstümlich

Advent, Advent,
ein Lichtlein brennt!
Erst eins, dann zwei, dann drei, dann vier,
dann steht das Christkind vor der Tür!

Der Adventkranz

Dieser hatte im Jahr 1850 noch 24 Kerzen nach dem Vorbild der runden Deckenleuchter romanischer Kirchen. Sie wiesen auf das Kommen Christi, des »Lichts der Welt«, hin. Die immergrünen Zweige symbolisierten die Hoffnung auf das ewige Leben. Seit dem Jahr 1940 und bis heute ist die Tradition des geschmückten Adventkranzes in den Weinviertler Familien lebendig. In der Mitfeier des Kirchenjahres trifft man gebündelte Lebens- und Gotteserfahrung mehrerer Generationen. Der Kranz wird in der Regel mit drei violetten und einer rosa Kerze geschmückt, denn der dritte Sonntag wird als Sonntag Gaudete, Sonntag der Freude, gefeiert, an dem man das Fasten brechen kann. »Advent, Advent, ein Lichtlein brennt: Erst eins, dann zwei, dann drei, dann vier (Kerzen), dann steht das Christkind vor der Tür«, singen die Kinder und die Freude auf das Christkind wächst von Kerze zu Kerze, von Adventsonntag zu Adventsonntag, bis schließlich vier Kerzen brennen und die Kerzen am Christbaum angezündet werden.

Der Adventkalender

Dieser ist aus dem Weinviertel nicht wegzudenken. Ob er aus Papier ist und 24 Türchen aufweist, oder ob 24 Söckchen, in denen sich Süßigkeiten verbergen, an einer Schnur von der Decke hängen, ob er, so wie in der Hollabrunner Schreibakademie für Jugendliche, 24 Adventsprüche enthält, oder als Gute-Taten-Adventkalender aufscheint, der jeden Tag eine gute Tat einfordert. Es gibt auch den Brauch des Krippe Füllens und Strohhalm Legens. Täglich wird ein Halm in die Krippe gelegt, aber auch bei guten Taten kommt ein Halm in die leere Krippe, bis das Jesulein am Heiligabend schließlich in seiner Krippe im Stroh versinkt.

Der Holzadventkranz wurde von einem Künstler gestaltet und symbolisiert mit 24 Kerzen den Advent.

Die Barbarazweige

Am 4. Dezember wird von einem Kirschbaum ein Zweig abgeschnitten, der bis Weihnachten aufblühen soll. Dies ist ein gutes Omen, das möglicherweise den jungen Mädchen im nächsten Jahr einen Freier bescheren wird. Der Brauch geht auf die Märtyrerin Barbara zurück. Als man sie in den Kerker führte, wässerte sie einen Zweig ein, der an ihrem Todestag aufblühte.

Die heilige Lucia

Am 13. Dezember wird die heilige Lucia geehrt. Sie gilt als Lichterkönigin und wird mit einem weißen Kleid mit rotem Band dargestellt. Auf dem Kopf trägt sie einen Kranz mit Kerzen. Die Lichterkönigin soll armen Menschen ihr Vermögen vererbt haben. An manchen Orten stellen Kinder Becher mit Milch für Lucia und Brot für Lucias Esel vor die Tür. Ein alter Brauch, der der Symbolik für das Weinviertel, nämlich Brot und Wein, gerecht wird.

Der heilige Nikolaus

Dieser war der Bischof von Myra. Sein Name bedeutet »Sieger im Volk«. Er vererbte sein Vermögen einst den Armen. Am 6. Dezember wird der heilige Bischof in allen Weinviertler Großgemeinden und in den Pfadfindergruppen gefeiert, indem man Umzüge mit Pferdekutschen, auf denen der heilige Mann gefahren wird, veranstaltet. Manche Städte chauffieren heute den Nikolaus im Cabrio oder Oldtimer, auch der Nikolo geht mit der Zeit! Aber immer hat dieser in seinen Säcken Süßigkeiten für die zahlreich heraneilenden Kinder. Sankt Nikolaus erhält vom jeweiligen Bürgermeister

»Befiel dem Herrn deine Wege«,
Ludwig Richter.

den großen Schlüssel überreicht, mit dem er jedes Haus aufsperren kann. Zu Hause erwarten die Kinder fiebernd den Nikolobesuch. Zum frommen Bischof gesellt sich mancherorts auch ein Krampus mit der Rute, denn zum Guten gehört allemal auch das Böse.

»Schlittenfahren«, Ludwig Richter.

Der Streik des Nikolo

Elisabeth Schöffl-Pöll

Auch heuer fieberten Eltern und Kinder, wie alljährlich, dem Besuch des heiligen Nikolaus entgegen. Und pünktlich zur gewohnten Stunde pochte es an die Wohnungstüren. Doch wie war man mancherorts überrascht, statt des frommen Mannes nur einen Brief auf der Türschwelle vorzufinden, auf dem eine kleine rote Rose lag. Ungeduldig wurden die Briefe in den einzelnen Familien geöffnet und gelesen. Es war unglaublich, was da rot auf weiß stand:

Liebe Eltern!

Es mag Euch vielleicht verstören, aber ich habe es satt, mich von Euch als personifizierte Erziehungsmethode gebrauchen zu lassen. Dazu hat man mich, den Bischof von Myra, seinerzeit nicht hoch verehrt, dass ich nun alljährlich, vielfach mit wallendem Gewand und langem, weißem Bart, mit Mitra und Bischofsstab, durch die Gegend wandle, um Eure fragwürdigen Erziehungserfolge auszubügeln. Man hat mich als Patron der Schiffer, Kaufleute, Bäcker und Schüler eingesetzt. Und wenn Ihr Euren Nächstgeborenen Klaus oder Nikolaus taufen solltet, will ich gerne sein Beschützer und Fürsprecher als Namenspatron sein. Aber dieser Rolle als Kinderwanderprediger will ich mich in Zukunft ernsthaft entledigen. Gerne will ich weiterhin Süßigkeiten von Haus zu Haus tragen und verteilen, wie ich das zu Lebzeiten liebend gerne mit Speisen tat, um die Menschen ein wenig von der Größe und Güte unseres Gottes erahnen zu lassen. Eure Sprüche herzusagen, nein, dafür kann ich mich künftig nicht mehr einsetzen. Mitnichten, sage ich, und werde künftig nur dann Eurer Einladung Folge leisten, wenn sie aus Festesfreude und Herzensgüte geschieht.

So. Heuer habe ich Euch einmal tüchtig meine Meinung gesagt. Ich hoffe, Ihr seid darüber nicht böse und ladet mich im nächsten Jahr wieder ein.

Für heuer wünsche ich Euch einen schönen 6. Dezember – ohne mich!

Himmlische Grüße,
NIKOLAUS 2013

Sankt Niklas kommt

Volksgut

Sankt Niklas, komm in unser Haus,
leer deine großen Taschen aus,
stell dein Esel auf den Mist,
dass er Heu und Hafer frisst.
Heu und Hafer frisst er nicht,
Zuckerbrezel kriegt er nicht.

Die kleinen Nikoläuse

Elisabeth Schöffl-Pöll

Alles wäre in jenem Dezember gewesen wie in jedem Jahr, wären nicht die Nikoläuse und Krampusse von kleinerer Gestalt gewesen. Und was das Besondere war: Sie kamen nicht zu den Kindern, sondern zu den Erwachsenen.

Bei den Eltern erschienen sie, um diese zu fragen: »Habt ihr die Schreie eurer Babys sorgsam unterschieden oder sie einfach durch Nahrung gestillt? Habt ihr die Kinder bloß erzogen oder sie wachsen und sich entfalten lassen? Habt ihr die Schulnoten eurer Kinder überbewertet oder den Kindern Mut zum Leben gemacht?«

Bei den Lehrern stellten sie sich ein, um diese zu befragen: »Habt ihr die Talente der Schüler aufgespürt und gefördert oder alle Schüler über einen Leisten gebogen? Habt ihr die Position des Stärkeren ausgenützt oder euch um Schulpartnerschaft bemüht? Habt ihr Kindern mit Minderwertigkeitsgefühlen Mut gemacht oder bloß die Begabten gefördert?«

Bei den Priestern und Bischöfen tauchten sie auf, um etwa so zu fragen: »Habt ihr die Liebe verkündet und auch gelebt oder wart ihr bloß dem Gesetz treu? Habt ihr in den Laien gleichwertige Mitarbeiter gesehen oder fiel es euch schwer, Vertrauen in sie zu setzen?«

Die Ehefrauen nahmen sie sich vor, um folgendermaßen zu fragen: »Habt ihr eure Männer allzu oft mit einem Wortschwall überfallen oder auch zugehört? Habt ihr versucht, in euren Familien Macht auszuüben oder ein Miteinander angestrebt? Habt ihr ein Gespräch mit Partnern und Kindern angestrebt oder bloß Oberflächlichkeiten ausgetauscht?«

Die Ehemänner passten sie nach der Arbeit auf der Straße ab, um Antworten auf ähnliche Fragen zu erhalten: »Ist der Verein für euch Lebenshilfe oder bloß Möglichkeit zur Flucht von zu Hause?

Wart ihr treu im vielfachen Sinn des Wortes oder habt ihr eine Gelegenheit zur Untreue am Schopf gepackt? Habt ihr heute in den Familien schon ein anerkennendes Wort gesprochen oder bloß für Zucht und Ordnung gesorgt?«

Zu den Managern gingen sie in die Büros, um zu fragen: »Habt ihr eure Mitarbeiter von oben herab behandelt oder euch um Teamarbeit bemüht? Habt ihr euch zwischendurch entspannt oder das Herzinfarkt-Risiko genährt?«

Zu den Älteren kamen sie in die Seniorenclubs, um zu fragen: »Habt ihr lediglich festgestellt ›die heutige Jugend ist schlecht‹, oder habt ihr euch bemüht andere Generationen und Lebensweisen zu verstehen? Wart ihr den Enkelkindern Hilfe und Stütze oder habt ihr sie bloß kritisiert?«

Nur die Kinder waren in diesem Jahr nicht auffindbar, denn sie hatten alle Hände voll zu tun, Gedichte und Lieder abzuhören, Kletzenbrot und Süßigkeiten zu verteilen, aber auch Zurechtweisungen anzubringen.

»Schlittschuhlaufen«, Ludwig Richter.

Die Walnuss

Nüsse sind wertvolle Nährstofflieferanten. Durch ihre gute Lagerfähigkeit stehen sie gerade in der obstarmen Zeit zur Verfügung. Die Walnuss ist in der christlichen Symbolik Sinnbild des Menschen, die grüne Hülle Symbol des Fleisches, die harte Schale steht für Knochen, der süße Kern für die Seele.

Die Walnuss ist in der Advent- und Weihnachtszeit aus den Backstuben der Köchinnen des Weinviertels nicht wegzudenken. Nussbäume gedeihen in den warmen Gefilden des Weinlandes prächtig. Nussbäume säumen die Kellergassen der Orte, Dörfer ohne Rauchfang genannt. Nussbäume schmiegen sich an Presshauswangen. Eichhörnchen legen fleißig Vorräte an, aus denen im nächsten Jahr Sämlinge hervorgehen. Nüsse geben Großmüttern Beschäftigung, wenn diese die Kerne auslesen. Frische Walnusskerne helfen bei Kratzern im Holz. Die Kinder lieben Nüsse als Spielbehelfe. Nüsse bescheren den Männern einen köstlichen Schnaps oder Likör. Aus Nüssen machen die fleißigen Bäuerinnen nicht nur Gestecke, sondern sie zaubern in ihren Backöfen daraus auch Nusskuchen, Nussstrudel, Nussbiskuit, Nussbusserl, Nusskipferl, Nussroulade, Nusstorte mit Obers und spanischem Wind. Vanillekipferl sind vom weihnachtlichen Tisch nicht wegzudenken.

Weinviertler Mundart

Johann Wolfgang von Goethe übermittelte uns: »Jede Region liebt ihren Dialekt. Ist er doch das Element, in dem die Seele ihren Atem schöpft!« Besonders im Weinviertler Pulkautal und im Schmidatal befleißigen die Leute sich noch der Ui-Mundart. Die Autorin Elisabeth Schöffl-Pöll beschreibt in der urtümlichen Schmidataler Ui-Mundart den Werdegang eines Nussbaumes:

Nuss poiss'n

In Siemasiebzgerjohr
A Nussbamerl setzn, die Wurzln guit eintretn und fest eigoissn.

In Zwoaradochzgerjohr
A poar greane Nuss vom Bam owabrocka und an Nussschnops aunsetz'n.

In Siemadochzgerjohr
Die Scholn vo de owagfollan Nuss mitn Schuiobsotz owatretn, die Nussscholn auftretn und die g'schöltn Kern essn.

In Zworaneinzgerjohr
Die Nuss poissn, zsaummklaubn, aufklopfa, owareibn und an Nussstrudl bocha.

In Siemaneunzgerjohr
Die Nuss zsaummklaubn, vo da Großmuida auflesen lossn und aun an Bäcker vakafa.

In Zwoahrerjohr
Die Nuss zsaummklaubn und olsa aufglesta onan Pforra vaschenka.

In Siebnerjohr
Die Nuss zsaummklaubn und olsa Gaunza aun de Weana vaschenka.

In Zwölferjohr
Die Nuss zsaummklaubn, in Kölla aufhebn bis s' ranzich wern und aufn Komposthaufa haun.

In Siebzehnerjohr
Die Nuss unterm Bam so laung liegnlossn, bis s' d' Oachkatzerln holn.

In Zwoarazwoanzgerjohr
Aundare, die wos vorbeigengan, klaubn d' Nuss zsaumm.

In Siebnerzwoanzgerjohr
Den Nussbam umschneidn und auf'n Strunk an Gortenzwerg stölln.

In Dreißgerjohr
Die Wurzln freimocha, den Wurzelstock ausgrobn und an dera Stöll a Gros aunbaun.

Vanillekipferl

Man braucht dazu:

35 dag Mehl
20 dag Margarine oder Butter
2 Dotter
10 dag Zucker
10 dag geriebene Nüsse
Vanillezucker

Zubereitung:

Daraus bereitet man einen Mürbteig, aus dem man Schlangen dreht und mit dem Messer portioniert. Mit den Handballen dreht man die Portionen zu kleinen Kipferln und bäckt sie im Rohr hellbraun. Noch heiß wälzt man sie in Vanillezucker.

Auf einem weihnachtlich gedeckten Tisch dürfen Vanillekipferl nicht fehlen.

Alte Nikolaussprüche

Volksgut

Niklaus, Niklaus, heil'ger Mann, zieh die großen Stiefel an,
reis' damit nach Spanien, kauf Äpfel, Nüss, Kastanien!

Holler, boller, Rumpelsack, Niklas trug sein Huckepack,
Weihnachtsnüsse, gelb und braun, runzlich, punzlich anzuschaun.
Knackt die Schale, springt der Kern, Weihnachtsnüsse ess' ich gern.
Komm bald wieder in mein Haus, alter, guter Nikolaus.

Heiliger Niklaus, komm in unser Haus,
Schau Dein Kindlein an, das ein Sprüchlein kann,
das schön folgen will, halte bei uns still,
leer dein Sackerl aus, guter Nikolaus.

Lieber heiliger Nikolaus, kehr ein in mein Haus,
kehr ein in mein' Schüssel und gib mir ein bissl.

Heiliger Nikolaus, bring mir Sachen in das Haus,
leg mir etwas Schönes ein, will recht fromm und fleißig sein.

Der sechste Zwölfte ist schon bald,
der Nikolaus kommt aus dem Wald.
Hat sich auch Ruten mitgebracht,
damit der Böse nicht mehr lacht.
Aber bei Süßem für die Guten
verzichtet er auf seine Ruten.

Computer, iPhone und auch Handy,
sind für junge Leute trendy.
Ob der liebe Niklaus-Mann
Hightech auch verschenken kann?

Ein Navi braucht der Niklaus nicht,
er find't Dich auch bei schlechter Sicht.
Drum raus die Schuhe vor die Pforte,
damit er dort Geschenke horte.

»Weine nur nicht, Helmchen!«, Ludwig Richter.

Zwetschkenkrampus

Man braucht dazu:
Gedörrte Früchte, am besten Zwetschken, Marillen, Feigen, eine Walnuss für den Kopf, Blumendraht, roten und schwarzen Filz für Augen, Hörner und Zunge, feine Zweige (Birke) für die Rute. Falls der Krampus aufrecht stehen soll: Ein Holzbrettchen zum Aufstellen und U-Hakerl zum Befestigen, Klebstoff.

So wird er gemacht:
Der Körper samt Kopf wird am besten aus dicken Feigen aufgefädelt. An die Drahtenden werden nun Arme und Beine aus Zwetschken befestigt. Mit getrockneten Marillen statt Feigen oder Zwetschken bringt man etwas Farbe in die Angelegenheit. Der Kopf aus einer Walnuss oder einer großen Zwetschke erhält sein Gesicht, indem man Augen aus schwarzem Filz, Zunge und Hörner aus rotem Filz ausschneidet und aufklebt. Mandelsplitter ergeben tolle Hörner. Der Krampus hat meistens eine Rute mit, diese kann aus kleinen, feinen Ästen einfach in die Zwetschkenhand gesteckt werden.

Schwieriger wird es, wenn der Krampus auch noch stehen soll. Dazu die Beine mit den U-Hakerln in das Holzbrettchen schlagen. Mit einem dicken Draht, den man vom Rumpf bis zum Brettchen führt, kann der Krampus von hinten gestützt werden.

Lebkuchen-Nikolo

Zutaten:

300 g	Roggenmehl
180 g	Rohzucker
10 g	Zimt
10 g	Natron
20 g	Lebkuchengewürz (oder selbstgemachte Gewürzmischung)
2	Eier
80 g	Honig
	Milch (zum Bestreichen)

Zubereitung:

Für den einfachen Lebkuchen das Mehl mit dem Natron vermischen und Eier, Zucker und Honig hinzugeben. Mit dem Lebkuchengewürz würzen und nach Belieben noch etwas zusätzlichen Zimt hinzugeben. Alle Zutaten gut miteinander verkneten und den Lebkuchenteig am besten über Nacht rasten lassen.

Das Christkind hat mich gerettet oder Zufall ist ein Pseudonym Gottes

Otto J. Schöffl

Es geschah etwa vier Wochen vor Weihnachten, im November des Jahres 1944 um ungefähr elf Uhr mittags. Großmutter bereitete sich in der gewölbten Wohnstube des alten Roseldorfer Mühlengebäudes für das Binden des Adventkranzes vor, die Zweige hatte sie von Nadelbäumen des hinteren Gartens genommen.

Ich selbst, ein Bub von etwa sechs Jahren, spielte, wie so oft, vor der elterlichen Mühle und neckte die Pferde der Bauern. Gegen Mittag war nur noch ein einziger Bauer mit seinem Gefährt, auf dem die Mehlsäcke lagen, anwesend. Plötzlich riss mich die gellende Stimme meiner Großmutter aus meinen kindlichen Tagträumen. Sie befahl mir, ich möge noch weitere Äste aus dem Garten bringen, sie hätte für den Adventkranz zu wenige davon abgeschnitten. So lief ich gehorsam zum hinteren Tor, das in den Garten führte und erblickte noch im Vorbeilaufen auf der Straße vorbeifahrende Lastwägen, als es höllisch krachte! Eine russische Fliegerbombe, die dem Konvoi deutscher Soldaten galt, der durch den Ort fuhr, fiel direkt neben den vor der Mühle wartenden Bauern und tötete ihn und sein Pferd auf der Stelle.

Ich drehte um und rannte sofort zu diesem schrecklichen Geschehen. Ich sah den sterbenden zerfetzten Mann und das verblutende Pferd. Großvater schickte mich zwar sofort weg, aber der kurze Anblick des Schreckens hatte gereicht, um dieses Bild unauslöschlich in meinem Gedächtnis einzuspeichern. Es war meine erste Begegnung mit dem Tod. Ein Lastauto lag im Straßengraben. Sämtliche Fenster des Hauses waren zersprungen.

»Zufall ist ein Pseudonym Gottes«, heißt es. War es mehr als Zufall, war es gar das Christkind, das mich kurz vor der Detonation weggerufen hatte? Sonst hätte auch ich zu den Toten gehört.

Und ein weiterer Zufall, der kurios wirken mag: Genau zu dieser Zeit wurde im Nachbarort Stoitzendorf ein Mädchen namens Elisabeth geboren. Durch Zufall lernten wir einander als junge Erwachsene in Wien kennen und lieben. Bald wurden wir ein Ehepaar und feiern in naher Zukunft im Weinviertel, wo unser Wohnsitz ist, unseren fünfzigsten Hochzeitstag.

Duftende Weihnacht

Mit der Advent- und Weihnachtszeit verbindet man viele emotionale Dinge, wie Lieder, Lichterschein und auch vielerlei Düfte. Lebkuchengewürz, Zimt und Anis stimmen uns auf die Adventzeit ein. Ein besonderer Duft durchströmt das Haus, wenn Weihnachtskekse gebacken oder die Kerzen am Adventkranz ausgeblasen wurden. Auch Zitrusfrüchte, importiert und deshalb früher als besonders wertvoll angesehen, sind Indikatoren dafür, dass die Winter- und Weihnachtszeit näher rückt.

Im Hollabrunner Regionen-Shop duftet es in der Adventzeit verführerisch.

Duftende Orange mit Nelken

✂ - - - - - - - - - - - - - -

Was Sie benötigen:
1 Orange
20–30 Gewürznelken

Und so geht's:
Gewürznelken rundum in die Orange stecken. Im Raum aufgestellt, verbreitet die auf diese Weise präparierte Orange einen weihnachtlichen Duft.

Advent-Fenster

In den Ortschaften des Weinviertels gestaltet man die Fenster immer häufiger als Adventkalender. Dies ist ein neuerer Brauch, wobei der Fantasie keine Grenzen gesetzt sind. Dieser Brauch animiert trotz Kälte und Dunkelheit zu abendlichen Spaziergängen und zum Spenden. Die Adventfenster werden kunstvoll gestaltet. Man lädt Nachbarn und Gäste ein und serviert Punsch und Glühwein im Freien. Das gesammelte Geld stellt man einer sozialen Einrichtung zur Verfügung. In manchen Orten des Weinviertels kann man an 23 Tagen abends zu den Fenstern gehen, das heißt Glühwein trinken und spenden. Nur der Heilige Abend ist ausgenommen. Dieser gehört ausschließlich der Familie.

Ein Adventfenster in der Sozialtherapeutischen Wohngemeinschaft Roseldorf, von Kindern gestaltet.

Chormusik und Kirchenmusik

Sowohl auf Chormusik als auch auf Kirchenmusik wird im Weinviertel großer Wert gelegt. Es gibt unzählige Chöre, in denen Sänger von neun bis neunundneunzig Jahren singen. Besonders in der Advent- und Weihnachtszeit bringen sie traditionelle Weisen und geistliche Gesänge zu Gehör, schenken aber auch Weihnachtsmärkten und Veranstaltungen einen musikalischen Rahmen. Bedeutende Kirchenchöre, die an allen kirchlichen Feiertagen in Hochämtern mit den großen Messen von Franz Schubert, Wolfgang Amadeus Mozart und Joseph Haydn, aber auch mit Motetten und zeitgenössischen Klängen zum Gotteslob beitragen, findet man in den Städten, etwa in Hollabrunn, in Pulkau und in Stockerau. Zunehmend schließen sich in ganz Niederösterreich Bäuerinnen zusammen, um gemeinsam zu singen. Zehn Bäuerinnensinggruppen aus den Regionen Amstetten, Arbesbach, Bruck, Geras, Gresten, Hollabrunn, Kirchschlag, Mistelbach, Stockerau und Zwettl lassen die Tradition der geistlichen Volkslieder aufleben und bringen diese mit viel Freude und Leidenschaft zu Gehör, etwa anlässlich des Leopoldisingens zu Ehren des Landespatrons von Niederösterreich, dem heiligen Leopold. Herauszuheben wäre der mehrfach preisgekrönte Chor in Hollabrunner Trachten namens »Bäuerinnensinggruppe Hollabrunn« unter der Leitung von Hubert Schiesser.

»Singende Engel, zu ihren Füßen der Stern«, Ludwig Richter.

Wichteln oder Engelchen und Bengelchen

So nennt man einen vorweihnachtlichen Brauch, der unter Arbeitskollegen, in Vereinen, in Schulklassen, in Jugendgruppen und verschiedenen Internetforen gepflegt wird. Dabei wird durch zufällige Auswahl für jede Person eine andere Person bestimmt, die von Ersterer geheim beschenkt wird. Der Brauch sieht vor, dass das Geschenk dem Beschenkten bis zu einem verabredeten Termin, etwa innerhalb der Adventzeit, heimlich zugesteckt wird. Daher kommt der Bezug zum Wichtel, einer nordischen Sagengestalt, die vorwiegend Gutes tut. Wesentlicher Vorteil des Wichtelns ist, dass durch die zufällige Zuordnung von Schenkendem und Beschenktem alle Gruppenmitglieder gleichgestellt werden. Jeder macht ein einziges Geschenk und erhält auch nur eines. Engel als geheimnisvolle Götterboten, leise Lichtwesen, Botschafter zwischen Himmel und Hölle oder Schutzbeauftragte haben in der Advent- und Weihnachtszeit ihren Platz in allen Kinderherzen. Kehr um die Hand wird aus dem Engelchen jedoch ein Bengelchen, wenn das Geschenk nicht passt.

Dom des Weinviertels

Die Pfarrkirche von Wullersdorf war eine Schenkung des Babenberger Herzogs Leopold III. an das Stift Melk und trägt den Namen »Dom des Weinviertels«. Die markante, erhabene Kirche mit den zwei Fassadentürmen geht auf den Melker Abt Berthold Dietmayr und den Baumeister Jakob Prandtauer zurück. Fertiggestellt wurde der Dom im Jahr 1733 von Josef Munggenast. Im sanft hügeligen Weinviertel sieht man schon von Weitem die Kirchtürme an der überdimensional großen Kirche aufragen, die auf den einstigen Reichtum im Bauern- und Weinland schließen lassen.

Weihnachtskaktus

Sie verbinden Kakteen mit Wüstensand und unerträglicher Hitze? Dieses Exemplar gedeiht auch in kühleren Regionen – allerdings als Zimmerpflanze. Der Weihnachtskaktus blüht im Winter und macht seinem Namen damit alle Ehre. Der kleine stachelige Mitbewohner ist in der Adventzeit im Weinviertel eine Alternative zum Weihnachtsstern und gilt als wichtiges Mitbringsel.

O du fröhliche, o du selige

Johannes Daniel Falk

O du fröhliche, o du selige,
gnadenbringende Weihnachtszeit!
Welt ging verloren, Christ ward geboren:
Freue, freue dich, o Christenheit!

O du fröhliche, o du selige,
gnadenbringende Weihnachtszeit!
Christ ist erschienen, uns zu versühnen:
Freue, freue dich, o Christenheit!

O du fröhliche, o du selige,
gnadenbringende Weihnachtszeit!
Himmlische Heere jauchzen dir Ehre:
Freue, freue dich, o Christenheit!

»Jesusknabe in der Krippe unter dem Christbaum«, Ludwig Richter.

Briefe ans Christkind und Postkarten

Das Schreiben von Briefen an das Christkind gehört auch heute noch zu den Höhepunkten der Adventzeit und ist in manchen Familien Voraussetzung für die Weihnachtsbescherung. Man richtet den Wunschzettel direkt an das Christkind, wobei das Kind am Ende des Briefes versichert, immer brav und artig zu sein. Das Kuvert mit der Anschrift »Christkind« wird sodann auf das Fensterbrett gelegt und in der Nacht vom Christkind abgeholt. Nun beginnt für die Kinder die aufregende Zeit des Wartens.

Seit dem 19. Jahrhundert gehört die Weihnachtspostkarte zu den Vorbereitungen auf das Weihnachtsfest. Allerdings droht sie zu verschwinden, da sie in Handy und Computer starke Konkurrenten hat. Doch immer noch gibt es Leute, denen die Kultur des Kartenschreibens wichtig ist. Sie wählen ein weihnachtliches Motiv oder verwenden eine Karte, die die Hilfsorganisationen gegen Spenden zur Verfügung stellen, um ihren Verwandten und Bekannten im In- und Ausland »Frohe Weihnachten und ein Gutes Neujahr« zu wünschen.

Auch ist es üblich, Weihnachtspost gegen einen geringen Betrag an das Postamt des Ortes Christkindl in Oberösterreich zu senden, damit man den Stempel »Christkindl« auf die Karte bekommt.

Auf dieser Postkarte werden die süßen Träume der Kinder von Engeln und Christbaum dargestellt.

Licht aus Bethlehem

Am Heiligen Abend kommt das Licht aus Bethlehem in fast alle Häuser des Weinviertels. Man kann es auf Bahnhöfen und in Kirchen abholen. Ein schöner Brauch ist etwa in Hollabrunn, das Licht von Pferdefuhrwerken und Reitern auf den Hauptplatz bringen zu lassen. Um den Platz scharen sich auch Glühweinstände, sodass es in Vorfreude auf den Heiligen Abend zu einer regen Kommunikation kommt, während die Kinder die Kerzen in ihren Laternen an dem Friedenslicht entzünden.

Strohsterne

✂ - - - - - - - - - - - - - -

Sterne aus Strohhalmen sind ein Klassiker unter dem Weihnachtsschmuck. Kein Wunder, sehen sie doch gut aus und lassen sich ganz einfach basteln.

Und so geht's:
Damit sich die Strohhalme leichter verarbeiten lassen, sollten Sie sie zunächst in Wasser einlegen. Legen Sie jeweils zwei Strohhalme zu einem Kreuz zusammen. Die fertigen Kreuze legen Sie anschließend versetzt übereinander. Umwickeln Sie nun die Strohhalme reihum mit dem Faden, und zwar so, dass Sie den ersten Halm von oben, den zweiten von unten, den dritten von oben, den vierten von unten und so weiter umwickeln, bis Sie wieder beim ersten Halm angelangt sind. Knoten Sie den Faden am Ende zusammen. Um dem Stern ein festliches Aussehen zu verleihen, können Sie die Spitzen mit einer Schere schräg abschneiden.

Basteln mit Tannenzweigen und Tannenzapfen

»O Tannenbaum, o Tannenbaum, wie grün sind deine Blätter …« Und gut riechen sie noch dazu, weshalb sie sich ideal zum Basteln von Weihnachtsdekoration eignen. Wir zeigen Ihnen, wie Sie ganz einfach einen Tannenzapfen-Stern und ein Weihnachtsgesteck basteln können.

Tannenzapfen-Stern

✂ - - - - - - - - - - - - - -

Material:
Kahle Äste, Tannenzweige, Basteldraht, Zange, Schere, Dekorationsmaterial, Heißklebepistole.

Der Tannenzapfen-Stern lässt sich leicht basteln und eignet sich nicht nur als Tischdekoration, sondern auch als kleines Mitbringsel.

Und so geht's:
Legen Sie sechs Tannenzapfen sternförmig aneinander und kleben Sie sie mit der Heißklebepistole zusammen. Den siebenten Tannenzapfen kleben Sie aufgestellt in die Mitte des Sterns. Anschließend können Sie den Tannenzapfen-Stern mit festlichen Kugeln oder Schleifen verzieren.

Tipp:
Wenn Sie kleine Tannenzapfen verwenden und an dem Tannenzapfen-Stern eine Schlaufe zum Aufhängen befestigen, können Sie den Stern auch als Christbaum- oder Türschmuck verwenden.

»*Weihnachtsabend*«, *Ludwig Richter.*

Bratäpfel

Zutaten (für 4 Portionen):

4 grosse Äpfel
200 g weiche Butter
4 EL gehackte Mandeln
4 EL Rosinen
2 EL Puderzucker
2 TL Zimt
Zitronensaft

Zubereitung:

Den Ofen auf 220°C vorheizen. Das Kerngehäuse aus den Äpfeln entfernen und die Früchte innen mit Zitronensaft beträufeln – so werden sie nicht braun. Butter, Mandeln und Rosinen verrühren und mit Puderzucker, Zimt und Zitronensaft abschmecken. Die Buttermasse in die Äpfel füllen und diese in eine Auflaufform setzen, in den Ofen schieben und ca. 40 Minuten braten. Nach der Hälfte der Bratdauer eventuell mit Alufolie abdecken, damit die Äpfel nicht verbrennen. Die Bratäpfel mit der zerlaufenen Butter aus der Auflaufform begießen, auf Tellern anrichten und sofort servieren – am besten mit Vanilleeis.

Zubereitungszeit: ca. 1 Stunde

Der Bratapfel

Volksgut

Kinder, kommt und ratet,
was im Ofen bratet!
Hört, wie's knallt und zischt.
Bald wird er aufgetischt,
der Zipfel, der Zapfel, der Kipfel,
der Kapfel, der gelbrote Apfel.

Kinder, lauft schneller,
holt einen Teller,
holt eine Gabel!
Sperrt auf den Schnabel
für den Zipfel, den Zapfel,
den Kipfel, den Kapfel,
den goldbraunen Apfel!

Sie pusten und prusten,
sie gucken und schlucken,
sie schnalzen und schmecken,
sie lecken und schlecken
den Zipfel, den Zapfel,
den Kipfel, den Kapfel,
den knusprigen Apfel.

Malerisch sieht die Weinviertler Winterlandschaft mit ihren Weingärten im Sonnenlicht aus und inspiriert die Künstler.

Weihnachtsgesteck

Unser nächster Basteltipp ist ein Weihnachtsgesteck, das als Tisch- oder Türdekoration weihnachtliches Flair versprüht.

Und so geht's:
Legen Sie mit den kahlen Ästen ein Grundgerüst in der Form, die Ihr Gesteck später haben soll.

Binden Sie die Äste mit Bast oder Basteldraht zusammen. Anschließend können Sie die Tannenzweige auf dem Grundgerüst festbinden. Wenn Sie das Weihnachtsgesteck aufhängen möchten, sollten Sie an der Oberseite eine Schlaufe anbringen. Abschließend können Sie dem Gesteck mit dem gewünschten Dekorationsmaterial, wie etwa Weihnachtskugeln, (Stroh-)Sternen und Co. den letzten Schliff verleihen.

Tipp für Naschkatzen:
Anstelle von herkömmlichen Weihnachtskugeln können Sie das Gesteck auch mit süßem Christbaumbehang schmücken.

Bauernregeln

- Herrscht im Advent recht strenge Kält', sie volle achtzehn Wochen hält.
- Fließt Nikolaus noch der Birkensaft, dann kriegt der Winter keine Kraft.
- Auf kalten Dezember mit tüchtigem Schnee folgt fruchtbar Jahr mit reichlich Klee.
- Bleibt im Dezember der Winter fern, so nachwintert es gern.
- Bringt Dezember Kälte ins Land, dann wächst das Korn selbst auf dem Sand.
- Dezember dunkel, nicht sonnig und klar, verheißt ein gutes fruchtbares Jahr, ein nasser macht es unfruchtbar.
- Dezember kalt mit Schnee, gibt Frucht auf jeder Höh'.
- Dezember mild und mit viel Regen ist für die Saat kein großer Segen.

»Der erste Schnee«, Ludwig Richter.

Im Weinviertel erwärmt man sich gerne an den Punschständen und spendet dabei für soziale Organisationen.

Brot im Weinviertel

»Geht's dem Weinviertel gut, geht's dem ganzen Land gut«, ist ein geflügeltes Wort des im Bezirk Hollabrunn wohnhaften Landeshauptmanns von Niederösterreich, Erwin Pröll. Denn das Weinviertel mit seinen wogenden, fruchtbaren Getreidefeldern wird als Kornkammer Österreichs bezeichnet. Noch heute werden die Kinder der Weinviertler Familien angeleitet, vor dem Anschnitt des Brotes mit dem Daumen drei Kreuze auf den Brotlaib zu zeichnen: »Im Namen des Vaters, des Sohnes und des Heiligen Geistes.« Das Weinviertler-Brot ist eine noch junge Kreation. Der Brotlaib ist quadratisch, sodass man beim Anschnitt vier statt zwei »Scherzel« erhält. Aus Mehl wird die Aufschrift »Weinviertel« auf die Oberfläche gesiebt.

Für den Fall, dass jemand vor der Entscheidung steht, nur drei Dinge auf eine Insel mitnehmen zu können: Er fahre nicht ohne sein Lieblingsbrot! Lieblingsbrote haben einen dunklen, saftigen Kern, eine knusprige Kruste, sind feinporig und lange haltbar. Sie heißen Roggenbrot, Finnenbrot, Weinviertelbrot, Vinschgerl, Bauernbrot und Krustenbrot. In der Advent- und Weihnachtszeit kommt Kletzenbrot auf den Tisch.

Kletzenbrot

Rezept aus dem Weinviertler Kochbuch 1883

Für einen ziemlich großen Laib nimmt man ein Kilogramm gedörrte Zwetschken, ein halbes Kilo getrocknete Birnen (Kletzen) oder noch einmal so viele Zwetschken, ein halbes Kilogramm Weintrauben, 20 Stück Nusskerne, ein Viertelkilo getrocknete Apfelspalten, etwas Wein oder beliebigen Likör, einen Esslöffel Zucker, die fein geschnittene Schale von einer Zitrone, zwei Kilogramm schwarzen Brotteig und soviel schwarzes Mehl, dass die Masse die nötige Festigkeit erhält. Nachdem man alles gut durcheinander gemischt hat, befeuchtet man es mit vier Löffeln Rum und lässt es die Nacht über stehen. Dann werden daraus Laibchen oder drei Finger hohe, lange Striezel geformt. Mit aufgeklopften Eiern bestreichen und auf ein mit befettetem Papier belegtes Blech legen, wo man sie an einem warmen Ort beiläufig eineinhalb Stunden zugedeckt stehen lässt und dann langsam in der Röhre bäckt. Herausgenommen, wischt man sie sogleich mit einem in Wasser genetzten Tuch ab.

Dazu reicht man: ☛

Gewürzpunsch mit Tee

Zutaten:

4 TL	schwarzer Tee
1 l	Wasser
1 EL	kandierter Ingwer
2–4	Gewürznelken
2 TL	Kardamom

Zubereitung:

Ingwer klein schneiden, mit den anderen Gewürzen fünf Minuten in Wasser köcheln lassen, Gewürz in ein metallenes Gewürz-Ei legen und mitkochen. Abseihen, den Sud auffangen, noch einmal aufkochen lassen und damit den Tee aufgießen. Drei Minuten ziehen lassen und zum Kletzenbrot genießen.

Wohin wir auch schauen, wir werden auf Weihnachten hingewiesen.

2. Die Weihnachtszeit

Wann fängt Weihnachten an?

Elisabeth Schöffl-Pöll

Wenn es den Bettlern zum Brot wird, das Wort,
dann fängt Weihnachten an.
Wenn es der Jugend zum Weg wird, das Wort,
dann fängt Weihnachten an.
Wenn es die Tätigen nährt, das Wort,
dann fängt Weihnachten an.
Wenn die Getriebenen landen am Ort,
dann fängt Weihnachten an.
Wenn es die Liebenden eint, das Wort,
dann fängt Weihnachten an.
Wenn es die Alternden heilt, das Wort,
dann fängt Weihnachten an.
Wenn es den Zaudernden Flügel verleiht,
dann fängt Weihnachten an.
Wenn es von lähmenden Mauern befreit,
dann fängt Weihnachten an.

»Der Winter ist ein rechter Mann«, Ludwig Richter.

Morgen, Kinder, wird's was geben

Martin Friedrich Philipp Bartsch

Morgen, Kinder, wird's was geben,
morgen werden wir uns freu'n!
Welch ein Jubel, welch ein Leben
wird in unserm Hause sein!
Einmal werden wir noch wach,
heißa dann ist Weihnachtstag!

Wie wird dann die Stube glänzen
von der großen Lichterzahl,
schöner als bei frohen Tänzen
ein geputzter Kronensaal.
Wisst ihr noch vom vor'gen Jahr,
wie's am Weihnachtsabend war?

Wisst ihr noch mein Räderpferdchen,
Malchens nette Schäferin,
Jettchens Küche mit dem Herdchen
und dem blank geputzten Zinn?
Heinrichs bunten Harlekin
mit der gelben Violin?

Welch' ein schöner Tag ist morgen!
Viele Freunde hoffen wir;
Uns're lieben Eltern sorgen
lange, lange schon dafür.
O gewiss, wer sie nicht ehrt,
ist der ganzen Lust nicht wert!

Weihnacht – Fest der Sehnsucht

Elisabeth Schöffl-Pöll

Maria sucht Antwort.
Josef sucht Erklärung.
Maria besucht Elisabeth.
Die Hirten suchen Sicherheit.
Herodes sucht nach dem Kind.
Weise suchen den Weg nach dem Stern.

Menschen suchen sich selbst.
Menschen suchen ein Du.
Menschen suchen ein Wir.
Menschen suchen das Glück.

Gott wird Mensch.
Gott sucht die Menschen heim.
Gott ist ein Suchender
nach dem Menschen.
Gott ist ein Suchender
nach dem verlorenen Schaf.

Jeder Mensch ist wertvoll,
deshalb ist Gott Mensch geworden.
Jedes Kind ist wertvoll,
daher ist Gott als Kind gekommen.
Weil du ihm so wichtig bist.
Weil ich ihm so wichtig bin.

Weihnacht ist die Lampe
im Hause meiner Seele.

Bescheidene Weihnachten im Jahr 1955.

Nach der langen Fastenzeit des Advents freuen sich Jung und Alt auf die knusprige Weihnachtsgans.

Kinderweihnacht 1955 im Weinviertel

Elisabeth Schöffl-Pöll

Alljährliches Plattdrücken der gefrorenen Nasen den ganzen Heiligen Abend lang an Fenstern der Häuser unserer Ortschaft, zu erspähen, ob nicht das Christkind sich einmal in der Zeit geirrt hatte, und so einen Lichterschein aufzuspüren, den wir, wo immer er auch hergekommen wäre, an diesem Tag dem Christkind zugeschrieben hätten. Finden von Engelshaaren, ach, wie überirdisch schön! Stundenlanges Sitzen und Beten auf Kirchenbänken bei der Rorate in aller Herrgottsfrühe. Brav Sein üben, zum Dank dafür hat Christkind Bäckereien ins Fenster gelegt als Vorgeschmack auf die Köstlichkeiten auf dem Lichterbaum. Geheimnisse über Geheimnisse allüberall. Immer wieder die Angst, nicht brav genug gewesen zu sein, nicht würdig, dass Christkind einen beschenkt.

Auf die Frage, warum Reiche mehr und kostbarere Geschenke erhielten, ausgeklügelte Antworten der Erwachsenen. Emsiges Treiben, Putzen, Backen im Advent und dann, nach endlos scheinender Fastenzeit, das Beheizen des Zimmerofens am Morgen und die heiß ersehnte Krippenandacht am Spätnachmittag des 24. Dezember ohne meine innere Andacht. Danach hinaus stieben in den Schnee und endlich zu dem geheimnisvollen Licht im Haus rennen. Die ins Weihnachtszimmer lockende Glocke mit lieblichem Klang und alljährlich als wundersame Überraschung der strahlende Christbaum, dankbar staunend angenommen, und doch stets gleichzeitig auch Enttäuschung. Wieder war er nicht so großmächtig wie der Tannenbaum im Haus meiner Freundin, auch dieses Jahr reichte er nicht vom Fußboden bis zur Decke! Auch heuer neigten die Zweige sich nicht schwer behangen zu Boden wie bei ihr, nie waren die Engelshaare so

Ein Weinviertler Tischgebet: Was aufgesetzt wird auf den Tisch, das segne uns, Herr Jesus Christ. Speis uns, o Herr, mit Deinem Wort, auf dass wir satt werden hier und dort. O lieber Herr, Du wollest uns geben nach dieser Welt das ewige Leben. Amen.

von Ast zu Ast gespannt, wie dies beim Christbaum im Haus der Freundin der Fall war, sondern ringelten sich nur zwischen den Zweigen. Ausschau Halten nach Geschenken. Für jeden lagen sie auf seinem Platz, nur der Platz für meine Geschenke war leer. Also versagt.

Das Bemühen um das Bravsein vergebens. Diesmal hatte das Christkind eben keine Nachsicht mit mir, wie jedes Jahr. Und nach bitterer Enttäuschung, den Tränen nahe, von Erwachsenen hingeführt zum Weihnachtstisch, unter dessen Decke versteckt die Puppenküchenwaage in zartem Grün, ein paar Kleidungsstücke und der weiße Baumwoll-Pyjama vom ersten selbst verdienten Geld der Schwester – für mich wie ein Heiligtum. Diese unbeschreibliche Freude über die bescheidenen Geschenke. Das erste von den Wiener Sängerknaben gesungene »Stille Nacht« im Radio zur vollen Stunde und die Tränen der Rührung meiner Mutter. Das Licht im Fenster für die Heimkehrer und das innige Rosenkranzgebet mit Vaters sonorer Vorbeterstimme und Perlenkränzen um die Finger gewickelt, das anschließende Karpfenessen auf hungrige Mägen und – zum ersten Mal nach der Fastenzeit des Advents – die Schüssel mit bunter, duftender Weihnachtsbäckerei auf dem Bauerntisch, der zur Feier des Tages mit einem weißen Tischtuch versehen war. Spielen, Lachen und Scherzen bis nach Mitternacht, ausnahmsweise gemeinsam mit Eltern und Gesinde. Und die süßesten Engelsträume in der für mich kürzesten Nacht des Jahres.

Der baldige Weckruf, zur Frühmette zu nachtschlafender Zeit in die mit Christbäumen geschmückte Kirche, der anschließende obligate Besuch des Pfarrers, seine von der Eiseskälte der Kirche klammen Finger am Ofen zu wärmen, das gemeinsame Frühstück, bestehend aus Weihnachtsstollen und duftendem Kaffee. Aufbruch zur Messe mit dem von der Gemeinde inbrünstig gesungenen Lied »Dies ist der Tag, von Gott gemacht«. Und die Bemühungen, die zufallenden Augenlider immer wieder hochzuheben, um das Solo des Oberschulrates bei der Haydn-Messe nicht zu versäumen. Später, nach neuerlichem Aufwärmen der steif gefrorenen Glieder, ein drittes Mal zur Kirche zum nie enden wollenden Hochamt. Und endlich heim in die warme Stube zum geliebten Christbaum und der knusprigen Weihnachtsgans.

Denkt euch, ich habe das Christkind gesehen

Anna Ritter

Denkt euch, ich habe das Christkind gesehen!
Es kam aus dem Walde, das Mützchen voll Schnee,
mit rotgefrorenem Näschen.

Die kleinen Hände taten ihm weh,
denn es trug einen Sack, der war gar schwer,
schleppte und polterte hinter ihm her.

Was drin war, möchtet ihr wissen?
Ihre Naseweise, ihr Schelmenpack –
denkt ihr, er wäre offen der Sack?

Zugebunden bis oben hin!
Doch war gewiss etwas Schönes drin!
Es roch so nach Äpfeln und Nüssen!

»Winter«, Ludwig Richter.

Der goldene Schlüssel

Brüder Grimm

Zur Winterszeit, als einmal tiefer Schnee lag, musste ein armer Junge hinausgehen und Holz auf einem Schlitten holen. Wie er es nun zusammengesucht und aufgeladen hatte, wollte er, weil er so erfroren war, noch nicht nach Haus gehen, sondern erst Feuer anmachen und sich ein bisschen wärmen. Da scharrte er den Schnee weg und, wie er so den Erdboden aufräumte, fand er einen kleinen goldenen Schlüssel. Nun glaubte er, wo der Schlüssel wäre, müsste auch das Schloss dazu sein, grub in der Erde und fand ein eisernes Kästchen.

»Wenn der Schlüssel nur passt!«, dachte er, »es sind gewiss kostbare Sachen in dem Kästchen.« Er suchte, aber es war kein Schlüsselloch da. Endlich entdeckte er eins, aber das war so klein, dass man es kaum sehen konnte. Er probierte und der Schlüssel passte glücklich. Da drehte er einmal herum, und nun müssen wir warten, bis er vollends aufgeschlossen und den Deckel aufgemacht hat: Dann werden wir erfahren, was für wunderbare Sachen in dem Kästchen lagen.

Die Bescherung in der Sozialtherapeutischen Wohngemeinschaft Roseldorf.

Bauernregeln

- Dezemberwärme hat Eis dahinter.
- Donnert's im Dezember gar, kommt viel Wind das nächste Jahr.
- Es folget allezeit und immerdar auf kalten Dezember ein fruchtbar' Jahr.
- Bricht der Spatz in Pfützen ein, wird's ein milder Christmond sein.
- Grauhäslein im tiefen Dezemberschnee labt sich zu Ostern am grünen Klee.
- Je dunkler es überm Dezemberschnee war, desto mehr leuchtet Segen im künftigen Jahr.

Eisenbahn, Eisenbahn, Lokomotiv!

Kinderreim

Eisenbahn, Eisenbahn, Lokomotiv!
Hör doch, mein Kleinchen, Schutzengelein rief!
Zupft dich am Röcklein und streichelt dein Haar
und führt deine Beinchen weg von der Gefahr!

O Tannenbaum, o Tannenbaum

Nadelbäume duften nach Weihnachten und sorgen für festliche Stimmung. Der beliebteste Nadelbaum ist die Nordmanntanne. Sie ist ein geradstämmiger, immergrüner Nadelbaum und zählt zu den Kiefergewächsen. Diese Art hat weiche, glänzend tiefgrüne, nicht stechende Nadeln, wird bis zu 60 Metern hoch und hat einen Stammdurchmesser von bis zu zwei Metern. Diese Tannen können 500 Jahre alt werden. In 15 Jahren Wachstum erreicht der Baum Zimmerhöhe. Das Besondere an der Tanne ist ihre lange Haltbarkeit. Wichtig ist es, für ausreichend Wasser im Christbaumständer zu sorgen, damit sie lange frisch und schön bleibt. In Intervallen von einigen Jahren liefert das Weinviertel den Rathauschristbaum nach Wien, der 120 Jahre alt und 32 Meter hoch sein kann. Immer mehr in Mode kommen lebende Christbäume, die, im Topf geliefert, schließlich im Garten landen oder vom Gärtner nach vierzehn Tagen wieder abgeholt werden.

Selbstverständlich gibt es auch zu Weihnachten sonderbare Auswüchse. Doch die Weinviertler halten ihre eigenen Traditionen hoch und lassen das Christkind nicht vom Weihnachtsmann verdrängt oder die heimischen Bräuche von solchen aus dem Westen überlappt werden. Als man mit fadenscheinigen Argumenten den Nikolo gesetzlich aus den Kindergärten verbannen wollte, stiegen die Mütter und Väter auf die Barrikaden, um den geliebten Nikolobesuch zu sichern. Dem Halloween-Brauch, der ursprünglich keltisch ist und vor einigen Jahren von den USA wieder zu uns zurück fand, steht ein Großteil der Weinviertler Bevölkerung ebenfalls skeptisch gegenüber. Lieber feiert man großzügig und ehrfürchtig den Allerheiligentag und den Allerseelentag am 1. und 2. November als große Kirchenfeste mit Friedhofsgang und Familienzusammenkunft.

Am Abend des 31. Oktober, an Halloween, ziehen dennoch Kinder verkleidet von Haus zu Haus, um Süßes oder Saures einzufordern. Geben die Hausleute nichts Süßes, kann es sein, dass die Gruppe ihre Spuren an den Hauswänden hinterlässt. Die Weinviertler lieben es traditionell. Sie stehen Perchtengruppen, die aus dem Westen zu uns kommen, ebenso skeptisch gegenüber. Auf der Christbaumkugel muss nicht »Spatzerl« stehen, um die Liebe zu zeigen. Die Kugel muss auch nicht mit Eselsohren geschmückt oder als Schweinchen verziert sein. Eine Kerze, die wie eine zu erleuchtende Trophäe als Hirschkopf gestaltet ist, lehnen sie ab und greifen zur gängigen schlichten Wachskerze oder Honigwabenkerze. Die Weinviertler lieben es, in den geschmückten Kaufhäusern bei leiser Weihnachtsmusik Geschenke auszusuchen und legen nicht etwa Geldscheine unter den Baum. Dieser darf auf keinen Fall aus Plastik sein und trägt im besten Fall flackernde Kerzen statt Kerzengirlanden. Bäume im Freien dürfen hingegen künstlich beleuchtet sein. Dabei werden der Phantasie keine Grenzen gesetzt.

Die Nachkriegszeit war eine schwierige Zeit, in der viele Kinder leiden mussten. Manche Väter waren noch im Kriegsgebiet oder galten als vermisst. Die Mütter hatten viel Arbeit. Da konnte es schon sein, dass Kinder vernachlässigt oder mit wenigen praktischen Geschenken abgespeist wurden. So manches Kind war traurig und unzufrieden. Es gab etwa einen mickrigen Baum, der mit Seilen an der Wand festgebunden war, damit er nicht umfiel. Am Baum waren selbstgemachte, in Alufolie gehüllte Schokoladestücke aufgehängt. Man stellte Christbaumschmuck aus Schokolade her, indem man Kakaomasse in winzige Blechformen füllte und diese Masse zum Härten in den Schnee stellte. Sodann kippte man die Schokolade aus den Formen und wickelte sie in Folie. Statt elektrischer Kerzen leuchteten einige wenige Flackerlichter in die Dunkelheit. Aber die Hoffnung auf einen Baum vom Boden bis zur Decke stirbt zuletzt, wie das nachfolgende Gedicht der Autorin, die im Jahr 1944 geboren wurde, zeigt.

Mein Kindheitstraum

Elisabeth Schöffl-Pöll

Denkt euch, ich hab' einen Christbaum geseh'n!
Vom Boden zur Decke, er war himmlisch schön!
Mit Engelshaaren war er ganz dicht bespannt,
ich meinte, ich wäre im Traum-Märchenland!

Er stand bei der Freundin in deren Zimmer.
Ich vergesse diesen Christbaumtraum nimmer!
Mit so viel Liebe war er geschmückt.
Ich war von diesem Anblick verzückt.

Ich lief rasch nach Hause, was Christkind gebracht.
Es war ja die schönste, die heiligste Nacht!
Die Gefühle, sie schwappten bis über den Rand,
bevor ich den lieblosen Christbaum vorfand.

Ich schlich mich ins Zimmer zu Christkindleins Traum.
Wie war ich enttäuscht! Nur ein Fichtenwaldbaum!
Er stand auf dem Tisch ohne Flitter und Tand.
Als Geschenke gab es ein wenig Gewand.

Der Heilige Abend freute mich kaum.
Und langsam entschwand auch mein Kindheitstraum.
Vorüber an mir ging die Heilige Nacht,
zur Kirche wir gingen mit frommem Bedacht.

Im nächsten Jahr lud dann mein Bruder mich ein,
zu basteln Papierschmuck mit ihm ganz allein.
Ich fühlte mich wichtig, wir schnitten Papier.
Es entstanden manch Sterne schneeweiß, für und für.

Der Christbaum, er glänzte trotz Kerzen nicht,
so sehr ich mich drehte und wendet' im Licht.
Ich war so enttäuscht wie noch nie auf der Welt!
Hatt' beim Christkind ich nicht einen Traumbaum bestellt?

Und als ich erwachsen war, Ehefrau schon,
da träumte ich insgeheim immer davon,
einen Christbaum zu schmücken mit meinem Mann.
Und so gingen wir beide ans Werk frisch sodann.

Als der Christbaum geschmückt war mit Kerzengeleucht',
meint' mein Mann schließlich plötzlich: Liebes, mir deucht,
wär's nicht besser, wir führen aufs Land jetzt hinaus
zu mir heim ins gemütliche Dorf-Elternhaus?

Ich war so verdutzt, die Stimme gelähmt,
sodass ich Enttäuschung erst gar nicht erwähnt'.
Nach gut einer Stunde bei Sturm und bei Wind
standen wir schon an der Krippe vorm göttlichen Kind.

Keine Spur also von einem Weihnachtsbaum.
Zu Ende mein heimlicher Kindheits-Christtraum.
Wir gingen zum Friedhof und trugen dorthin
ein Christbäumchen. Licht in der Toten Sinn.

Und als ich dann Mutter war, freute ich mich!
Ein Werk sollt' entstehen! All Zweifel, er wich.

Ich wollt' einen Baum kaufen: Meterlang! Herrlich!
Doch meinte mein Mann gleich, der wär' zu gefährlich:

Wenn der Baum bis hinauf an die Decke würd' reichen,
die Kinder des öfter'n die Äste wohl streifen,
dann könnte der Baum mit den Lichtern schon fallen.
Das würde letztendlich doch niemand' gefallen.

Ich fügte mich, kaufte den niedrigen Baum.
Zu Ende war wieder mein Kindheits-Christtraum.
Ich stellte den Baum hinauf aufs Klavier.
Sie bestaunten ihn alle, meine lieben Vier.

Im nächsten Jahr war der Bauernchristbaum
für meine Kinder ihr Weihnachtstraum.
Wir zierten Lebkuchen mit sicherer Hand.
Am Baum fand sich wieder nicht Flitter und Tand.

Ein anderes Jahr schmückte ich dann den Baum
mit Basteleien der Kinder. Ihr heimlicher Traum.
Der Christbaum glänzte nun wiederum kaum.
Verschwunden war endlich mein Kindheitstraum.

Und als ich geladen ins polnische Land,
schenkt' die Freundin mir kitschigen polnischen Tand.
Ich musste den Schmuck wegen ihr nun verwenden.
Doch konnten die blassblauen Kugeln nicht blenden.

Zuletzt schmückte ich statt dem Weihnachtsbaum
im Wintergarten den Feigenbaum.
Für die Enkel war die Überraschung groß.
Doch wo war denn meine Christfreude bloß?

Doch hab' ich die Hoffnung nicht aufgegeben,
ich werde den Weihnachtstraum doch noch erleben.
Wenn im Altenheim ich schlussendlich bin,
wird ein Baum prangen dort – bis zur Decke hin.

Und bleibt es beim Wunsch nur, so bin ich gewiss,
dass im Himmel dort droben ein Christbaum auch ist.
Vom Boden zur Decke, mit Flitter am Baum.
Und endlich erfüllt' sich mein Kindheitstraum!

Eine Krippenausstellung im Erzbischöflichen Seminar Hollabrunn.

Eine Krippe auf dem Hollabrunner Hauptplatz, errichtet von den Krippenfreunden Hollabrunns.

Christbäume – sportlich entsorgt

Nach dem 6. Jänner, in früheren Zeiten nach Maria Lichtmess, landen die meisten Christbäume glanzlos auf den Deponien. Im Weinviertel hingegen werden die Christbäume als recht unhandliches Sportgerät für einen guten Zweck wieder verwendet. Es ist eine besondere Art des Christbaum-Recyclings, die den Besuchern viel Spaß macht. Dabei gibt es einen Christbaum-Weitwurf-Wettbewerb. Ein Vorwerfer zeigt es vor und viele nehmen am Wettbewerb teil. Bis zu neun Meter weit kann ein starker Mann einen Christbaum werfen. Mit dieser ungewöhnlichen Aktion wird Geld eingenommen, das für die Ausstattung von Kindergärten oder Schulen gespendet wird. Es kann sein, dass bis zu fünfhundert Euro überreicht werden können.

Weihnachtskrippen

Das Jesuskind, Josef und Maria, die Hirten, Schafe, Ochs und Esel. Was sich in der Heiligen Nacht im Stall von Bethlehem zugetragen hat, fasziniert die Menschen seit Jahrtausenden. An vielen Orten lässt sich das Geschehen der Heiligen Nacht nacherleben, so auch in einem der ältesten Häuser der Weinviertler Gemeinde Sitzendorf. Seit den späten Neunzigerjahren im Besitz des Ehepaares Schreiber, wurde das historische Haus im Lauf der Jahre Stück für Stück liebevoll restauriert und ist nun Heimstätte für über 1.400 Krippen, die man in vorweihnachtlichen Ausstellungen, etwa bei der Ziersdorfer Krippenschau, betrachten und bewundern kann. Die Krippen stammen aus aller Welt, vorwiegend aus Tschechien und Österreich, aus den verschiedensten Epochen vom 17. Jahrhundert bis zur Gegenwart und sind in den verschiedensten Techniken und Kunstrichtungen gefertigt. Heute verwaltet Hiltigund Schreiber die Sammlung liebevoll.

Auch der Verein Krippenfreunde Hollabrunn veranstaltet jedes Jahr in der Weihnachtszeit beachtliche Krippenausstellungen im Erzbischöflichen Seminar. Der Ausstellung gehen Krippenkurse für Kinder und Erwachsene voran, in denen auch die Weinviertler Krippe entworfen wurde, die in Kinder- und Erwachsenenkursen nachgebaut und erweitert wird.

Im beginnenden 13. Jahrhundert gestaltete der heilige Franz von Assisi die erste Weihnachtskrippe. Er ließ das Weihnachtsevangelium in Form einer lebendigen Krippe darstellen. Zur Futterkrippe, in der ein Kind lag, stellte er Ochs und Esel dazu, um so den Besuchern seiner Mette das Wunder der Heiligen Nacht sichtbar zu machen. Das war der Anfang der reichen Geschichte der Weihnachtskrippen. Der Brauch, an Weihnachten eine Krippe aufzustellen, hat sich in der ganzen Welt durchgesetzt, so auch im Weinviertel in jeder Kirche, in fast jeder Familie und auf öffentlichen Plätzen.

Vier Mal Namenstag an Jesu Geburtstag

Elisabeth Schöffl-Pöll

Das nachfolgend Erzählte klingt wie ein Märchen. Und doch ist es eine wahre Geschichte, die sich in unserer Stadt nahe unserem Haus zutrug.

Dieses Jahr fiel der 24. Dezember auf einen Samstag, und die Geschäfte hielten ihre Türen noch bis in die Abendstunden offen. Diesmal hatte Joanna die Einladung zur Weihnachtsfeier in der Familie Bauer ausgeschlagen. Die Buben der Familie, auf die sie nach dem Tod ihrer Schwester jahrelang achtgegeben hatte, um schneller über ihre Einsamkeit hinwegzukommen, waren aus dem Ärgsten heraus und machten sich nicht mehr viel aus ihr. Das hatte sie auch dem heutigen Telefongespräch entnehmen können, in dem sie der Familie noch frohe Weihnachten gewünscht hatte und in dem leise Hoffnung mitschwang, die Buben könnten sie noch zum Kommen überreden. Der Größere war am Apparat gewesen, hatte höflich gegrüßt, geantwortet und rasch aufgelegt. Früher, ja da war sie ihnen alles gewesen, hatte mit den dreien Papierschiffchen gebastelt, Zauberkunststücke eingeübt, Blinde Kuh gespielt. Wie hießen sie doch gleich? Sixtus, Severin und Stefan. Sie brauchte nun immer länger, um sich die Namen ins Gedächtnis zu rufen. Wie hatte sie auf die ersten Worte der Buben gelauscht, wie deren erste Schritte verfolgt! Wie gerne hatte sie die Kleinen im Kinderwagen spazieren gefahren, während die Eltern mit dem Hausbau beschäftigt gewesen waren. Aber sicher würde die Familie jetzt, da die Buben größer waren, auch gerne einmal ausschließlich im Familienkreis Weihnachten feiern. Und sie war schließlich doch froh, aus Rücksicht abgelehnt zu haben.

»Wenn's schneit«, Ludwig Richter.

Joanna versuchte sich auf ihre ersten Weihnachten zu freuen, die sie fernab von Sentimentalität und Kinderlachen, jedoch mit dem Zauber, der ein Fest zu einem Fest für alle Sinne macht, feiern wollte. Joanna hatte keinen einzigen Verwandten mehr auf der Welt. Die Angehörigen ihres Mannes lebten in Tschechien. Der all zu kurzen Ehe war kein Nachwuchs entsprungen. Die Bekannten hatten sich verlaufen, da Joanna durch Krankenpflege und Kinderbetreuung ihr Leben verplant hatte. »Wer nichts für andere tut, tut nichts für sich.« Dieses Motto nach Johann Wolfgang von Goethe hatte sich allzu tief in ihre Seele geprägt. Joanna hatte heuer alle Weihnachtseinkäufe bis zur letzten Stunde hinausgezögert, um noch bis zuletzt Geld ansparen zu können. Die kleine Rente musste nicht nur für Fixkosten, sondern auch für die Instandhaltung des kleinen Häuschens reichen, das sie mit ihrem Mann in jungen Ehejahren mühsam mit eigenen Händen erbaut hatte. Für das persönliche Wohl Joannas war nie etwas übrig geblieben. Zum Glück war sie eine genügsame Frau. Umso mehr freute es Joanna, sich endlich ein paar persönliche Wünsche erfüllen zu können.

Ein Tannenbäumchen war das Erste, das sie erstehen wollte, ehe die Marktfrau für dieses Jahr ihren Stand schloss. Joanna war froh, noch einen halbwegs gut gewachsenen Baum gefunden zu haben. Die Verkäuferin gewährte ihr einen Weihnachtsrabatt. Ein Kindertraum ging für Joanna in Erfüllung, hatte es doch bisher nur für ein paar Gesteckzweige oder eine Fichte gereicht! Sie klemmte froh das zusammengebundene Grün unter ihren Arm. So suchte sie ein Kaufhaus auf. Sie wollte sich ein hübsches Nachthemd kaufen. Sie hatte bis dahin immer die Hemden ihrer Mutter ausgetragen oder selbst Nachthemden genäht, und so war dies ein geheimer Wunsch geblieben. Sie entschied sich für zarte Seide in angenehmem Lila mit handgearbeiteten Spitzen. Lila, früher die Farbe von Demut und Melancholie, erlebte in den letzten Jahren eine Veränderung in der Symbolik: Heute ist Lila die Farbe der Gleichberechtigung.

Ja, auch sie hatte eine Veränderung erfahren. Emanzipiert, das war sie wohl, hatte sie doch jahrzehntelang Mann und Frau gleichzeitig stellen müssen. Joanna ließ sich noch einen passenden Morgenmantel einpacken. »Sind es Weihnachtsgeschenke?« »Ja«, log Joanna, »bitte, besonders hübsch einpacken. Und getrennt voneinander.« Joanna wollte mehrere Päckchen unter dem Weihnachtsbaum auspacken können. Sie erfreute sich an den hübschen Schneemannmotiven auf dem Papier und sann früheren Zeiten nach. Die Erinnerung an die Kriegsjahre versuchte sie vergeblich zu verdrängen. In der Nachkriegszeit gab es kein Weihnachtspapier zu kaufen. Später bügelte sie alljährlich nach Weihnachten das Geschenkpapier sorgfältig und hob es für das nächste Jahr auf. Sie machte sich in die Papierhandlung auf, wo sie noch hübsche Kärtchen besorgte, dazu ein paar Foliensterne. Vor der Fleischerei zählte sie das Restgeld. Es reichte noch für eine Portion Schinken, einen geräucherten Fisch und Gebäck, wenn sie noch das nötige Geld für eine Flasche Rotwein zurückbehielt. Hübsch bepackt und ohne einen Groschen Geld, sie hatte das Kleingeld noch in ein winziges Plastikhäuschen zu Gunsten eines Kinderdorfes gesteckt, schlug Joanna den Weg heimwärts ein.

Nun waren nur noch wenige Menschen auf der Straße, darunter eine kleine Familie: Vater, Mutter und ein Mädchen von acht oder zehn Jahren. Die Eltern redeten beide auf das verweinte Mädchen ein. Joanna verlangsamte den Schritt, um das Streitmotiv zu erfahren. Das Mädchen hatte sich auf einen Christbaum gefreut. Doch die Eltern, die den ganzen Tag über arbeiten mussten, waren zu spät auf den Markt gekommen. Da trat Joanna beherzt hinzu: »Das trifft sich gut, ich habe genau einen Baum zu viel.« Sie drückte dem Mädchen den Baum in die Hand. Ehe die Familie sich's versah, war Joanna schon lächelnd und anscheinend erleichtert um die Ecke verschwunden.

Joanna schlenderte durch die Stadt. Es war klirrend kalt und der Himmel rollte einen Schneeflockenteppich vor ihren Füßen auf. Die künstlichen Lichter des Christbaums auf dem Platz leuchteten wohlmeinend in das Schneetreiben hinein. Joanna kam an einem Haus vorüber, mit dem sie traurige Erinnerungen verband. Genau vor einem Jahr, es war kurz vor Weihnachten gewesen, hatte die junge Frau über Nacht ihren Mann und die beiden herangewachsenen Kinder wegen eines Geliebten verlassen. Der Vater hatte sich das ganze Jahr über gewissenhaft durchgekämpft und sich in bemerkenswerter Weise um die Kinder gekümmert. Anfangs hatte Joanna versucht, ein wenig Mutterersatz zu leisten, doch mit der Zeit waren ihre Gedanken und Hilfeleistungen versiegt. Beherzt zog sie nun die beiden Weihnachtspäckchen aus der Tasche, setzte einen Fuß auf den Zaunsockel und schrieb die Namen der Kinder, Eva und Christina, auf die Kärtchen. »Vom Christkind«, schrieb sie auf die Rückseite. Eigentlich haben die beiden heute Namenstag, lächelte Joanna. Sie legte die Päckchen auf die Türschwelle und läutete. Rasch versteckte sie sich hinter der Hausecke. Die Tür wurde stürmisch geöffnet. »Ist es der Papa?«, hörte sie Stimmen. »Nein, ich glaube, es war die Mutter«, hörte sie das Mädchen sagen. Körperlich und auch seelisch erleichtert setzte Joanna ihren Weg fort. Nun waren in den Häusern bereits die Vorhänge vor die Fenster gezogen. Alles schien feierlich und still und hinter weißen Hauswänden vermutete sie da und dort Menschen, die emsig Christkind spielten. »Niemals sind Tore und Türen fester verschlossen als am Heiligen Abend«, überdachte Joanna diese Paradoxie. Sogar die Tore der Bahnhöfe waren an diesem Abend fest verriegelt. An keinem anderen Tag fühlte sich der Heimatlose heimatloser, der Einsame einsamer, der Machtlose ohnmächtiger. Nie rückten die Menschen näher zusammen, als am Heiligen Abend und sperrten jene, die in der Kälte standen, deutlicher aus. Wenn es da nicht irgendwo eine offene Gasthaustüre gäbe …

Weihnachten

Joseph von Eichendorff

Markt und Straße steh'n verlassen,
hell erleuchtet jedes Haus,
sinnend geh ich durch die Gassen,
alles sieht so festlich aus.

An den Fenstern haben Frauen
buntes Spielzeug fromm geschmückt,
tausend Kindlein steh'n und schauen,
sind so wunderstill beglückt.

Und ich wand're aus den Mauern
bis hinaus ins freie Feld,
hehres Glänzen, heil'ges Schauern!
Wie so weit und still die Welt!

Sterne hoch die Kreise schlingen,
aus des Schnees Einsamkeit
steigt's wie wunderbares Singen,
O du gnadenreiche Zeit!

»Hosianna«, Ludwig Richter.

Joanna rezitierte halblaut und freute sich, dass sie das Gedicht von Joseph von Eichendorff lückenlos auswendig kannte. Es passte immer noch in die Zeit, fand sie. Nur die wahren Probleme der Familien fanden sich in diesem Gedicht nicht.

Joanna musste tatsächlich aus den Mauern bis hinaus ins Feld wandern, wo ihr Häuschen stand. Sie nahm an diesem Tag den ansonsten gemiedenen Weg durch den Park. Da entdeckte sie auf einer Bank den einzigen Obdachlosen der Kleinstadt, der mit hochgestelltem Rockkragen vor sich hin starrte. An seinem Bart hatten sich Eiskristalle gebildet. Sein Anblick gemahnte sie daran, wie oft sie sich das Jahr über vorgenommen hatte, einmal mit ihm zu reden, anstatt ihm nur Almosen zu geben: ein Wurstbrot, eine Flasche Bier oder ein Kleidungsstück ihres verstorbenen Mannes. Die Leute gewöhnten sich ungern an den Anblick des mit gefüllten Papiersäcken durch Stadt und Wald schleichenden, gebückten und verwahrlosten jungen Mannes.

Viele konnten ihm nicht verzeihen, dass er sich nicht helfen ließ, weder mit guten Ratschlägen, noch durch ärztliche Betreuung, noch durch Arbeitsvermittlung. Die zahlreichen gut meinenden Helfer mussten beleidigt zusehen, wie ihre ach so ehrlich gemeinten Hilfestellungen an dem Manne abprallten. Von manchen wurde er geduldet, andere aber beschimpften ihn und drohten ihm eine Ohrfeige an, manches Mal blieb es nicht bei der Drohung. Er kannte zumindest eine gute Seele, die im Winter für ihn ein Garagentor offenhielt, eine andere ließ ihn gelegentlich in einer Gartenhütte unterschlüpfen. Entweder spürte er heute instinktiv, dass er am Heiligen Abend niemandem zur Last fallen sollte, oder waren auch diese Tore für ihn verriegelt. Jedenfalls schien er auf ein Nachtquartier im Freien eingestellt zu sein, notfalls in einer offenen Gruft auf dem Friedhof. *Sag mir, wie die Stadt mit ihren Obdachlosen umgeht, und ich sage dir, wie die Stadt ist.* Dieser Aphorismus fiel Joanna ein, als sie ihre innere Barriere dem

Mann gegenüber überwand. »Haben Sie Hunger?«, begann sie zögernd und schlug das Papier, in welches der Schinken gewickelt war, auseinander. Wortlos, fast tierisch, langte der junge Mann zu. Sie erinnerte sich an Erzählungen über ihn. Er war ein kluges Einzelkind einer normalen Familie, seine Mutter starb plötzlich und der Vater ging allzu schnell eine neue Ehe ein. Die Neue brachte eigene Kinder mit und schob den Buben zur Großmutter, die ihn ungern aufnahm. In der Pubertät kämpfte er mit Schulschwierigkeiten und hielt sich nur noch auf der Straße auf. Später flüchtete er in die Drogenszene. »Selber schuld!« und »Wer nicht arbeitet, soll auch nicht essen!«, dachten andere. Sie schützten ihre eigenen Kinder vor ihm und riefen nach einem starken Führer. Joanna dachte anders. Sie reichte dem verwahrlosten Mittdreißiger die Flasche Rotwein. Er öffnete den Blechverschluss geübt am Rand der Bank und trank gierig aus der Flasche. »Ist Ihnen kalt? Kommen Sie!« Joanna zog ihn unmissverständlich am Arm hoch. Wortlos gingen sie nebeneinander her. Joanna war nun ohne alle Waren und Geld. Frei und leicht schritt sie dahin. Sie bemerkte, dass der Obdachlose hinkte und ein wenig schwankte. Die Kohle im Ofen gloste noch. Joanna schürte das Feuer. Sie hieß den Mann sich setzen und beheizte den Badeofen. Später bereitete sie dem Mann ein Bad und gab ihm Zeichen, sich zu entkleiden. Währenddessen stieg die Frau die Wendeltreppe zum Dachboden hinauf, um in den alten Truhen nach Kleidung ihres verstorbenen Mannes zu suchen. Joanna schrubbte den Rücken des Mannes mit einer großen Bürste. Sie wusch ihm Kopf- und Barthaar und legte ihm Wäsche und Kleidung vor. »Er könnte mein Sohn sein«, dachte sie in einem Anflug von Zärtlichkeit. Willenlos ließ er alles mit sich geschehen. »Er ist ohne Rückgrat«, dachte sie. Joanna ging ins Zimmer und zündete die niedergebrannte Kerze des Adventgestecks an. Sie holte Butter, die sie im Winter aus Sparsamkeitsgründen im Kastenfenster gekühlt hielt. In einem Körbchen richtete sie Brot an. Das Wasser auf dem Ofen begann zu sieden. Joanna goss es über schwarzen Tee und fügte Gewürznelken und eine große Menge Zucker hinzu. Schließlich schüttete sie den Inhalt der halb vollen Weinflasche in den Tee. Endlich betrat der Mann das Zimmer, nicht ohne Fingerzeichnungen am dunstbelegten Badezimmerspiegel hinterlassen zu haben. Lange Zeit saßen Joanna und der junge Mann schweigend am Tisch, nur die Kerze flackerte geheimnisvoll in der Stille. Ein einzigartiger Friede, den Joanna jahrelang vergebens für den Heiligen Abend ersehnt hatte, griff in ihr Platz.

»Wie heißen Sie?«, fragte sie den Mann, der gierig die breite Teeschale mit beiden Händen umfangen hielt. »Gottfried.« Und nach einer Pause: »Sie sagten Gottfried zu mir.« Anscheinend hatte er schon die längste Zeit keinen Namen mehr. Wer keine Heimat hat, hat auch keinen Namen. Wer keinen Namen hat, besitzt auch keine Macht … Joanna musste lächeln. Wieder ist ein Namenstag zu feiern, dachte sie. Joanna – steckte nicht auch in der Silbe Jo der Gottesname?, blitzte es plötzlich in ihrem Geist auf. Johanna heißt hebräisch »Gott hat gnädig an ihr gehandelt.«

Eva, Christina, Gottfried, Joanna, also viermal Namenstag am Heiligen Abend, dachte Joanna friedvoll. Gott hat wahrlich gnädig an mir gehandelt. Wie automatisch betätigte sie den Knopf des kleinen Rundfunkgerätes. Sie dachte an das Sprichwort »Zufall ist ein Pseudonym Gottes«, als das Hallelujah aus dem Oratorium »Der Messias« von Georg Friedrich Händel aus dem Gerät erscholl.

»Christkindleins Wiegenlied«, Ludwig Richter.

Winterpunsch

Zutaten:

1 l	guter Rotwein (z.B. Blauburgunder oder Grauvernatsch)
500 ml	kräftiger Weisswein (z.B. Veltliner)
100 g	brauner Zucker
5	Zitronen
500 ml	frisch gebrühter, starker schwarzer Tee
	Zimtrinde
500 ml	Arrak (Palmwein)

Zubereitung:
Die Weine in einem Topf mischen, den Zucker darin auflösen. Vier Zitronen auspressen und den Saft hinzufügen. Den frisch gebrühten schwarzen Tee, die Zimtrinde und den Arrak dazugeben. Anschließend den Topf auf die heiße Herdplatte stellen und den Punsch bis kurz vor dem Siedepunkt erhitzen. Dann schnell sieben, mit einer Kelle in Gläser schöpfen und mit einer Scheibe Zitrone dekorieren.

Zubereitungszeit: ca. 15 Minuten

Ein Glühweinstand in der Kellergasse Schöngrabern. Wärme kommt von innen.

Punschlied

Friedrich Schiller

Vier Elemente, innig gesellt,
bilden das Leben, bauen die Welt.
Presst der Zitrone saftigen Stern!
Herb ist des Lebens innerster Kern.
Jetzt mit des Zuckers linderndem Saft
zähmet die herbe brennende Kraft!
Gießet des Wassers sprudelnden Schwall!
Wasser umfänget ruhig das All'.
Tropfen des Geistes gießet hinein!
Leben dem Leben gibt er allein.

Bauernregeln

- Dezember veränderlich und lind, der ganze Winter wird ein Kind.
- Steigt Rauch aus den gefrorenen Flüssen, ist auf lange Kält' zu schließen.
- Viel Wind und Nebel in Dezembertagen, schlechten Frühling und schlechtes Jahr ansagen.
- Weißer Nebel im Winter, da ist Frost dahinter.
- Je tiefer der Schnee, umso höher der Klee.
- Wie der Dezember, so der Lenz.
- Der Frost soll klirren, dann macht der Sommer kein Wirren.
- Viele Eicheln im September, viel Schnee im Dezember, lautet eine alte Bauernregel. Diese hat einen wahren Hintergrund, denn wenn ein strenger Winter droht, müssten sich die Eichhörnchen einen besonders großen Vorrat anlegen – dafür sorgt die Natur. Doch tatsächlich lässt die Zahl der Eicheln nur auf das vergangene Wetter schließen. Damit es viele Eicheln gibt, muss der Baum schon im Herbst des Vorjahres viele Blütenansätze gebildet haben. Außerdem muss er gut über den Frühling gekommen sein. Schlüsse auf den kommenden Winter lassen sich aus der Menge der Eicheln also nicht wirklich ziehen.

»Sternennacht«, Ludwig Richter.

Das Christkind

Elisabeth Schöffl-Pöll

Wenn es nur schon da wäre,
jauchzt das Kind.

Wenn es schon vorüber wäre,
seufzt die Mutter.

Wenn es gar nicht käme,
klagt der Vater.

Es ist gut, dass es kommt,
freut sich die Großmutter.

Der alte Mann und die Weihnachtskrippe

Elisabeth Schöffl-Pöll

Der alte Mann saß im Keller des Hauses an einem Tisch, auf dem geschnitzte Krippenfiguren standen: Hirten, Könige, Engel, Maria und Josef mit der Krippe.

Eben war er mit dem Schnitzen des Jesuskindes fertig geworden. Als er, schon ein wenig müde geworden, seinen Arm auf die Tischkante und den Kopf darauf legte, merkte er, wie alle Gestalten lebendig wurden. Und noch mehr: Hirten, Könige, Maria und Josef waren nicht mehr klein, sondern er ging mit ihnen in den Stall hinein. Da schaute er das Kind an und das Kind sah ihn an. Der alte Mann hinkte einen Schritt zurück, als das Jesuskind plötzlich zu reden anfing: »Ich wünsche mir von dir Geschenke. Drei Dinge möchte ich haben.« »Aber natürlich«, sagte der alte Mann diensteifrig, »Ich habe zwar nicht viel, aber das wenige will ich dir schenken: Ich werde dir einen Teil meiner kleinen Rente zur Seite legen. Von den beiden Betten kannst du eines haben, denn ich brauche es seit dem Tod meiner Frau nicht mehr. Ja, und eine Flasche Schnaps, die habe ich mir für den einsamen Weihnachtsabend aufgehoben, die schenke ich dir auch.« »Nein, lieber Herr. Dazu bin ich nicht auf die Erde gekommen. Ich will etwas anderes von dir«, erwiderte das Jesuskind. »Erstens möchte ich deine Krücken, zweitens will ich deinen Suppenteller geschenkt haben und drittens die Antwort, welche du den Seniorenhelfern gegeben hast, als sie dich zur Weihnachtsfeier eingeladen haben.« Da wurde der Mann verlegen. »Eine der Krücken ist gebrochen, als ich damit auf einen streunenden Hund eingeschlagen habe. Der Rand des Tellers ist abgesprungen, als ich ihn gestern ungeduldig gegen den Rand der Abwasch gestoßen habe. Und die Seniorenhelfer habe ich belogen, als ich sagte, ich wäre zu Weihnachten nicht alleine«, sagte der Mann kleinlaut. »Eben deshalb wünsche ich mir diese drei Geschenke. Du sollst mir immer das bringen, was in deinem Leben zerbrochen ist. Du sollst mir deine Ungeduld, deine Unachtsamkeit, deinen Trotz und deine Lügen bringen. Ich will dir helfen. Ich will dich annehmen in deiner Schwäche und deiner Hilflosigkeit. Ich will dir immer neu vergeben. Ich will dich an der Hand nehmen und dir den Weg weisen. Willst du dir das von mir schenken lassen?«

Der alte Mann saß an seinem Tisch. Die Figuren waren wieder klein und ohne Leben. Doch er war ein anderer geworden. Er war lebendig geworden …

Lebenserfahrungen älterer Menschen können zu Geschenken werden.

Schenken hat mit Phantasie und Herz zu tun.

Zimtsterne

Zutaten (für 60 Zimtsterne):

4	Eier
500 g	Puderzucker
30 g	gemahlener Zimt
1½ EL	Zitronensaft
550 g	fein gemahlene Mandeln
	Zucker (optional)

Zubereitung:

Die Eier trennen und das Eiweiß steif schlagen. Den Puderzucker langsam in das Eiweiß sieben, dabei schlagen, bis die Masse schön glänzt und steif ist. Fünf Esslöffel davon für die Glasur (zugedeckt) beiseite stellen. Dann Zimt, Zitronensaft und Mandeln unter den restlichen Eischnee heben und die Masse zu einer Kugel formen. In Butterpapier oder Folie wickeln und eine Stunde kaltstellen. Den Teig dann ca. einen Zentimeter dick auf Zucker oder Backpapier ausrollen. Sterne ausstechen und auf ein gefettetes oder mit Backpapier ausgelegtes Backblech legen. Jeden Stern mit dem zurückbehaltenen Eiweiß bestreichen. Vor dem Backen möglichst nochmals kühlen. Dann im vorgeheizten Backofen bei 250°C ca. 5 bis 10 Minuten backen, bis der Teig leicht Farbe annimmt. Auf dem Blech abkühlen lassen.

Zubereitungszeit: ca. 1½ Stunden

Weihnachtliche Motive der Backwaren führen uns ebenfalls an das Christfest heran.

Bauernregeln

- Der Winterschnitt wird durchgeführt, nur nicht, wenn Stein und Bein gefriert.
- Wenn's nicht wintert, sommert's auch nicht.
- Dezember ohne Schnee tut erst im Märzen weh.
- Dezember kalt mit Schnee tut dem Ungeziefer weh.
- Dezember kalt mit Schnee – niemand sagt: »Oh weh!«
- Dezember warm – Gott erbarm!

»Befiehl dem Herrn deine Wege«, Ludwig Richter.

Geschenke von Reinhard
oder
Die rettende Idee

Otto J. Schöffl

Viel zu rasch kam Weihnachten heran. Reinhard sah es jedes Mal mit Schrecken, wenn er einen weiteren Termin in seinem Kalender eintragen musste. Dabei hatte er noch kein einziges Geschenk für seine Familienmitglieder besorgt, ja nicht einmal Ideen in dieser Richtung. Nach seinem Abschluss hatte er einen interessanten Posten in der entlegenen Stadt erhalten, wo er seinem Hobby, der Arbeit am Computer, frönen konnte. Natürlich war es schwierig, sich einzugewöhnen, das Arbeiten mit Kollegen im Team war faszinierend, aber ungewohnt. Leider wurde in Schulen auf Teamwork viel zu wenig Wert gelegt, beklagte er. Er machte gerne Überstunden und nutzte sie, um in heißen Diskussionen mit den Arbeitskollegen neue Ideen in die Praxis umzusetzen. Freizeit und Erholung gab es für Reinhard schon seit Monaten nicht mehr.

Ein Arbeitsgespräch brachte die rettende Idee für Weihnachten. Er würde jedem zu Beschenkenden eine passende CD aussuchen. Das passte auch zu seinen finanziellen Möglichkeiten. Die Großmutter würde ihre geliebten Schubert-Lieder, Mama Orgelmusik von Bruckner, die sie bei den nicht so beliebten Hausarbeiten etwas ablenkte, bekommen. Papa freute sich sicher über die Visual Map, den Digitalatlas mit den Straßen Europas. Er würde die schönsten Urlaubsreisen damit planen. Schwesterherz wünschte sich sehnlichst das neue Bildbearbeitungsprogramm, um ihre Fotos besser gestalten zu können. Klausi, sein kleiner Bruder, würde die CD mit neuen Computerspielen schätzen.

Am 24. Dezember kam Reinhard endlich dazu, alles in Weihnachtspapier zu packen. Er ging dazu in das gemütliche Café, in dem er nach Arbeitsschluss noch oft mit den Kollegen die Probleme des Tages diskutierte. Diesmal war es ruhig hier. Sorgfältig machte er schöne Päckchen für seine Lieben. Passende Bänder schmückten die gefälligen Geschenke, und er schrieb noch persönliche Namenskärtchen. Als er diese jedoch an den Päckchen anbringen wollte, konnte er nicht mehr feststellen, welches Geschenk und welches Kärtchen zueinander gehörten. Sie sahen alle gleich aus.

Was tun? Es blieb keine Zeit mehr, neues Geschenkpapier zu kaufen und neu zu verpacken. Er befestigte die Kärtchen nach dem Zufallsprinzip und eilte zu seiner Familie nach Hause.

Der Duft der Weihnachtsgans erfüllte schon alle Räume. Reinhard duschte und zog sich festlich an, wie es in der Familie üblich war. Er half noch den Tisch zu decken, und nach dem genüsslichen Festessen ging man ins Wohnzimmer zum Christbaum.

Vater las das immer wieder berührende Weihnachtsevangelium vor. Mutter begleitete die Weihnachtslieder auf dem Klavier. Man gedachte des verstorbenen Großvaters. Endlich wurden die Geschenke ausgepackt.

Alles verlief friedlich und ruhig wie alljährlich. Jeder beschäftigte sich mit seinen Geschenken und freute sich darüber. In Reinhards Familie waren es immer Überraschungen, die geschenkt wurden. Besonders groß jedoch war die Überraschung, als Großmutter die Straßenkarte auspackte. Schubertlieder für den kleinen Klaus, die Kinderspiele für Mutter, Orgelmusik für die Schwester und ein Bildbearbeitungsprogramm für Vater bewirkten Staunen. Die Gespräche verstummten, man schaute einander fragend an. Reinhard wusste nicht, was er tun oder sagen sollte. Da standen die Familienmitglieder also beisammen und besahen gemeinsam die fünf CDs. Jeder interessierte sich plötzlich auch für die Geschenke der anderen. Papa redete mit Großmutter über das Straßennetz. Großmutter erzählte Klaus von Schubert und seiner Musik. Ein lebhafter Heiliger Abend, bei dem jeder über seine Lieben und deren Steckenpferde mehr erfuhr als das ganze Jahr über. Übrigens: Auch Reinhard, dem man diesen bemerkenswerten Abend verdankte, bekam zufällig eine CD geschenkt: ein Zeichenprogramm, das er sich schon lange gewünscht hatte.

»Die Familie beim Christbaum«, Ludwig Richter.

Lilliths schönstes Weihnachtsgeschenk

Elisabeth Schöffl-Pöll

Lillith freute sich nun jeden Morgen auf das Aufstehen. Wollte sie doch wieder einen Stern in ihr Adventkalenderbuch kleben. Zahlreiche Glitzersterne mit und ohne Schweif blitzten in ihrem Büchlein und meldeten die baldige Ankunft des Christkindes. Aus ihrem Kassettenrekorder tönte unaufhörlich das Lied: »Alle Jahre wieder kommt das Christuskind auf die Erde nieder, wo wir Menschen sind …«

Lillith lief ans Fenster und zog den Vorhang zur Seite. Wie staunte sie heute! Weiße Schneeflocken wirbelten vor den Scheiben, auf die der Winter seltsame silberne Ornamente gezeichnet hatte. Sie setzten sich als weicher, weißer Flaum auf das Fensterbrett. »Kling, klang, wir sind die Flockenkinder«, zirpte es von draußen: »Wir bewachen den Winterschlaf der jungen Saat und schützen sie vor Frost und Kälte. Wir bereiten Kindern Freude und lassen sie auf unseren zierlichen Rücken Rodel fahren.« Lillith drückte ihre Nase an der Scheibe platt und raunte: »Wisst ihr, flaumige Flockenfedern, ich muss ohnehin noch ein Weihnachtsgeschenk für meine Mutter kaufen. Ich weiß, sie wünscht sich ein buntes Seidentuch. Dafür habe ich das ganze Jahr über Taschengeld gespart. Bemalt muss das Tuch sein, und lange Fransen soll es haben. So will ich rasch zu euch ins Freie springen.« Lillith sprang in die Winterlandschaft, die wundersame Geheimnisse der Natur versteckt hielt. Sie breitete die Arme aus und blickte zum Himmel auf. »Sicher ist diese kleine Wolke da oben heute erst zur Welt gekommen«, dachte Lillith. Frohgemut sang sie auf dem Weg vor sich hin: »Schneeweglein, Lichtsteglein vom Himmel, ein Weihnachtsglöcklein voran, verkünden allen hienieden Christkindleins Segen und Frieden.«

Lillith freute sich, weil sie von den Flockenkindern umspielt wurde und ließ einige auf ihrer rechten Handfläche ausruhen. Mit der linken Hand klimperte und raschelte sie mit dem Geld in ihrer Tasche. Sie schlenderte über die Brücke zu dem Weg, der den Hügel zum Kaufhaus hinan stieg. »Der heilige Nepomuk auf dem Brückengeländer trägt einen Sternenkranz auf dem Kopf«, freute sich Lillith.

»Soll ich dir ein hübsches Päckchen machen?«, fragte die Verkäuferin freundlich, als Lillith im Geschäft endlich ein Tuch ausgesucht hatte. »Ja, bitte«, antwortete diese.

Fröhlich bahnte sie sich ihren Weg durch die tanzenden Flocken zurück und lehnte sich ans Brückengeländer. »Alle Jahre wieder kommt das Christuskind auf die Erde nieder, wo wir Menschen sind ...«, summte sie versonnen und malte sich in lebhaften Farben aus, wie Mutter sich über ihr Geschenk freuen würde. Am linken Handgelenk baumelte das blaue Päckchen an dem goldenen Bändchen. Lillith legte ihre Unterarme auf das Holzgeländer der Brücke und blickte in ein tiefes Geheimnis: das Wasser war zu blanken Eisflächen und Eisschollen gefroren. Diese hatten bizarre Formen angenommen und verwandelten sich bei längerem Hinsehen in Gesichter und Gestalten, die Lillith aus der Tiefe des Baches freundlich zulächelten. Manche der Gesichter und Gestalten wiederum sahen bedrohlich aus und jagten ihr Schauer über den Rücken. Plötzlich, Lillith wusste nicht, wie es geschah, löste sich das Päckchen von ihrem Handgelenk. Sssssssssss–patsch. Da taumelte es auch schon in die Tiefe, fing sich an einer gezackten Eisscholle und landete schließlich im Bach. Langsam wurde das Päckchen vom Eiswasser durchdrungen und war bald auf Nimmerwiedersehen verschwunden. Laut jammernd sah Lillith das Päckchen versinken. Die weißen Eisgesichter blickten sie frech und höhnisch an. Niemand war hier, dem sie ihr Leid hätte klagen können. »Ihr Eisgesichter, helft mir doch bitte! Mein Geschenk ist verloren, und ich habe doch kein Geld mehr!« Als Lillith verzagt am Geländer stand, ertönte plötzlich ein feiner Ton. Und aus der Tiefe erklang eine freundliche Stimme: »Was hat dir denn so schweres Leid gebracht, mein Kind?« Lillith erzählte vertrauensvoll ihre Geschichte: »Nun muss ich mit leeren Händen vor meiner Mutter stehen. Manuel hat für sie Fliesen bemalt, und ich habe nichts zu schenken.« Schluchzen beutelte Lilliths Körper. Da war ihr, als striche jemand zart über ihr Gesicht. Sie blickte verstohlen auf, doch sie sah niemanden, und doch trocknete ihr jemand die Tränen. »Sieh nur genau hin«, raunte die Stimme. Lillith sah genauer in den Bach. Da bemerkte sie, dass ein schwimmendes Eisgesicht die Lippen bewegte. Und es sprach zu ihr weiter in beruhigendem Ton: »Du bist, so wie du bist, ein lebendiges Weihnachtsgeschenk für deine Mutter, ein Geschenk aus Fleisch und Blut, mit Herz und Seele, mit deinen guten und weniger guten Eigenschaften. Du bist ein lebendiges Weihnachtspaket! Schenke Mutter diese Geschichte. Ich verspreche dir, dass es heuer besonders schöne Weihnachten werden.« Lillith starrte gebannt auf das Eisgesicht. Zu ihrem Erstaunen trug es dieselben Züge wie das Kind in der Weihnachtskrippe, das sie im Vorjahr immer und immer wieder staunend betrachtet hatte.

Das Säuseln war zu Ende. Lillith konnte kein Gesicht mehr erkennen. Es war wieder zu starrem Eis geworden. Aber sie hatte nun ein Geschenk, eine Geschichte. Juchhu …!

»Lilliiiiiiith! Lilliiiiiiith!«, klang die Stimme ihres Bruders Manuel lang gezogen von der Straße herüber. Lillith sprang nun rasch in Richtung Elternhaus. »Wo warst du so lange?« Die Worte sprudelten aus ihrem Mund, als sie Manuel die Geschichte von ihrem Missgeschick erzählte. Die Begegnung mit dem Eisgesicht im Fluss blieb allerdings ihr Geheimnis. Manuel bekam Mitleid mit seiner Schwester: »Ich bin gerade mit dem Bemalen der Fliesen fertig geworden. Die Farbtöpfe stehen noch offen, Fliesen liegen auch noch da. Am besten, du malst die Geschichte darauf«, ermunterte der ältere Bruder.

Das Eisgesicht hatte recht behalten. Es waren die schönsten Weihnachten, die Lillith bisher erlebt hatte. Für die Mutter hatte sie ein Geschenk, für sich selbst eine Geschichte. Noch dazu würde diese Geschichte, auf Fliesen gemalt, bald die Wände im Haus verzieren.

Spätabends, als Lillith nach der Bescherung im Bett lag und Mutter dicht an sie geschmiegt saß, um ihr den Gute-Nacht-Kuss ans Ohr zu hauchen, flüsterte Mutter ihr ins Ohr: »Es ist gut, dass es dich gibt. Du bis mein schönstes Weihnachtsgeschenk.«

Dann strich sie ihrer Tochter zärtlich über Stirn und Haar. Lillith hatte das Gefühl, Mutter wusste unausgesprochen von ihrem Geheimnis. Und es ist doch das Schönste, Geheimnisse zu teilen!

»Die Mutter am Christabend«, Ludwig Richter.

Beliebte Weinviertler Weihnachtsmärkte

Zur Adventzeit gibt es in allen Orten des Weinviertels Weihnachtsmärkte sowie Glühweinstände zugunsten sozialer Einrichtungen. Man findet diese von Mitte November bis Weihnachten teils an Straßen, teils in stilvollen Schlössern oder Gutshöfen. Einige herausragende Advents- und Weihnachtsmärkte seien hier erwähnt.

Adventsmarkt im **Alten Landhaus**: »So schmeckt Niederösterreich« bezeichnet man den jährlichen Adventsmarkt im Alten Landhaus in der Wiener Herrengasse, bei dem sich das Weinviertel umfassend präsentiert. Bei diesem stimmungsvollen Markt im Palais Niederösterreich gibt es Ausstellungen von Krippen und Kunsthandwerk, aber auch Vorführungen von Klöppeln, Glasmalen, Korbflechten, Spinnen oder Drechseln. Man lauscht stimmungsvollen Chören und Bläsern sowie Dichtern beim Vortragen ihrer Weihnachtsgeschichten. Zum Schenken findet man Bücher und regionales Kunsthandwerk. Zum Genießen gibt es Weinviertler Köstlichkeiten und wohlschmeckende Raritäten vom Feuerfleck bis zu gebackenen Karpfenlocken, vom Gröstl bis zu süßen Mohnnudeln, vom fruchtigen Traubensaft bis zu gehaltvollen Weinen, Traubenschnaps und Rotweinlikör.

»Vom Himmel hoch,
da komm' ich her«, Ludwig Richter.

Advent im **Brandlhof**: Stimmungsvolle Adventweisen und traditionelles Handwerk beleben im Advent die ehrwürdigen Mauern des Brandlhofes in Radlbrunn. Dieses Baujuwel bildet mit den ihn umgebenden Bauwerken Pfarrkirche und Pfarrhof ein Ensemble aus historisch und architektonisch bemerkenswerten Gebäuden. Der Brandlhof wurde bereits im Jahr 1209 als Besitz des Stiftes Lilienfeld urkundlich erwähnt und ist heute Begegnungs- und Kulturstätte sowie Ort für die Erhaltung des Brauchtums und Vertriebsort für regionale Produkte und regionales Handwerk.

Der **Hollabrunner** Advent umfasst eine große Zahl von Adventsmärkten, einen Krippenweg, der alljährlich zu Beginn des Advents eröffnet wird, eine Krippenausstellung und eine Christkindlwerkstatt. Der Kunsthandwerkliche Adventsmarkt findet in den großzügigen Räumen der Alten Hofmühle zu ebener Erde und im ersten Stock sowie im reich geschmückten Hof statt. Die Alte Hofmühle wurde als Kulturzentrum und Stadtmuseum ausgebaut. Auch für Gaumenfreuden ist gesorgt. Weiters kann man die Advents- und Weihnachtsausstellung im Glashaus des niederösterreichischen Landesjugendheimes oder den Weihnachtsmarkt in der Behinderten-Tagesstätte Sonnendach besuchen, aber auch den Caritas-Advent im Johanneshaus, der musikalisch durch den Advent begleitet. Dieser Markt bietet Produkte aus eigener Herstellung und präsentiert Bilderausstellungen der Kunstgruppe Johanneshaus. Der Regionen-Shop in der Hollabrunner Fußgängerzone bietet wertvolle und originelle Geschenkartikel aus der Weinviertler Region an. Am Rande von Hollabrunn kann man in Raschala die Advent- und Glühweinstände in der Mozart-Pinkelstein-Kellergasse mit reichhaltigem Kulturprogramm besuchen.

Retzer Adventsmarkt drüber und drunter: Auf dem stimmungsvollen Hauptplatz der Weinstadt Retz reicht das Angebot vom Adventgesteck bis zum Weihnachtskarpfen. Turm- und Jagdhornbläser, Lesungen und Adventkonzerte runden das reiche Programm in der Stadt, vor allem im verzweigten Kellernetz unter der Erde, das so weitläufig ist wie das Straßennetz oberhalb, ab. Eine Geschenkboutique und das Adventcafé im Rathaus laden zum Schmökern und Verweilen ein, mit der Liliputbahn kann man um den weihnachtlich geschmückten Hauptplatz von Retz fahren.

Adventzeit in der **Amethystwelt Maissau**: Man besucht in der Amethystwelt Maissau am Rande des Weinviertels nahe dem Waldviertel den größten Edelstein-Shop Österreichs und findet einzigartige Weihnachtsgeschenke rund um das Thema Edelstein. Bei dieser Gelegenheit kann man auch einen der ausgezeichneten Heurigen besuchen.

Schräger Advent **Schönberg am Kamp** nennt sich der Kunsthandwerksmarkt in der Alten Schmiede und bei B. und E. Großauer, wo man Kostbares aus der Region, vor allem aber, wie der Name sagt, schräges Kunsthandwerk erwerben kann.

Advent im **Schloss Hof**: Zu den stimmungsvollsten Weihnachtsmärkten gehört jener im Schloss Hof. Das Weihnachtsdorf lädt mit imperialer Atmosphäre zum Gustieren ein. Zu den über hundert Marktständen gesellt sich die Genussmeile. Eine traditionelle Stallweihnacht, weihnachtliche Konzerte und ein ausgiebiges Kinderprogramm runden das Angebot ab.

Advent im **Schloss Kirchstetten**: Der Ehrenhof, das Schloss und die Nebengebäude mit der Jubiläums-Volksschule, mit hunderten Lichtern geschmückt, verschmelzen zu einem der schönsten Adventsmärkte im Weinviertel. Die Krippenausstellung im Pferdestall, eine Lebkuchenbackstube, der Besuch des heiligen Nikolo auf dem Oldtimer-Traktor, traditionelle Weihnachtslieder und Orgelmusik erfreuen die Besucher.

Weitere Adventsmärkte, um nur einige der zahlreichen Märkte zu nennen, sind der Grabener Advent mit Märchenlesung und Adventsingen in der Pfarrkirche, der Adventzauber im Bundesrealgymnasium Hollabrunn mit Werkstätten und Juniorfirma und der Großweikersdorfer Christkindlmarkt anno dazumal, der die Besucher in eine andere Zeit entführt.

Die handgeschnitzte Bauernbarock-Madonna scheint wohlgefällig auf die Kinder zu schauen.

Weihnachtsgans

Zutaten (für 4 Portionen):

1	küchenfertige Gans (ca. 3 kg)
3	Äpfel
200 ml	Rotwein
100 g	Weissbrot
2	Zwiebeln
	Beifuss, Petersilie,
	Salz, Zucker und Zitronensaft

Zubereitung:

Die Gans waschen und gut abtrocknen. Die Äpfel waschen und das Kerngehäuse so ausstechen, dass ein kleiner Boden zurückbleibt. In die Apfelöffnungen etwas Wein gießen und sie mit Weißbrotstückchen füllen. Die Gans innen und außen salzen, mit den Äpfeln, den geviertelten Zwiebeln und Beifuß füllen und zunähen. Keulen und Flügel am Rumpf festbinden.

Einen Bräter etwa einen Zentimeter hoch mit heißem Wasser füllen, etwas Salz hinzufügen, die Gans mit dem Rücken nach unten hineinlegen und den Bräter auf die untere Schiene des auf 200°C vorgeheizten Backofens schieben. Während des Bratens ab und zu unterhalb der Flügel und Keulen in die Gans einstechen, damit das Fett besser ausbraten kann.
Sobald der Bratensatz bräunt, heißes Wasser in den Bräter nachgießen, um das verdampfte Wasser zu ersetzen. Die Temperatur nun auf ca. 150°C reduzieren. Die Gans ab und zu mit dem Bratensatz begießen und drehen, damit sie von allen Seiten schön braun wird.

Wenn die Gans gar ist (man rechnet etwa eine Stunde Garzeit pro Kilo), die Fäden lösen und die Füllung herausnehmen. Die Füllung durch ein Sieb streichen. Den losgekochten Bratensatz und die gesiebte Füllung auf der Kochstelle mit etwas Wasser zu einer Soße verrühren und sie mit Salz, Zucker und Zitronensaft abschmecken.

Nun den Braten in Portionsstücke schneiden und mit Rotkraut und Knödeln servieren, mit Petersilie garnieren.

Zubereitungszeit: 3 bis 4 Stunden

Im Brandlhof in Radlbrunn wird die Weihnachtsgans aus dem Holzofen geholt.

Weihnachtskarpfen

Zutaten (für 4 Portionen):

1	Karpfen (ca. 1,5 kg)
100 g	Butter
2	Zwiebeln
500 g	Champignons
3 EL	Mehl
750 ml	Brühe
200 g	Obers
1 Glas	Weisswein
1	Zitrone
	Salz und Pfeffer

Zubereitung:

Den Karpfen unter kaltem Wasser innen und außen waschen, trocken tupfen, salzen, pfeffern und mit fünf Esslöffeln Butter in eine Pfanne legen. Diese in den auf 200°C vorgeheizten Backofen stellen und den Fisch braten, bis sich unter der Haut Blasen bilden. Dann ist der Karpfen halbfertig. Währenddessen gelegentlich mit dem Bratfett begießen.

Für die Sauce die Zwiebeln abziehen, fein hacken und in Butter glasig andünsten. Champignons grob schneiden und dazugeben, salzen und pfeffern. Die fertig gebratenen Champignons mit Mehl bestäuben und mit Brühe begießen. Obers und Weißwein dazu geben, mit Zitronensaft abschmecken. Die fertige Sauce über den halbfertigen Karpfen gießen und noch ca. 15 Minuten goldbraun braten.

Zubereitungszeit: ca. 45 Minuten

Alfred aus der Sozialtherapeutischen Wohngemeinschaft Roseldorf drückt seine Freude malerisch aus.

Eine Adventandacht zu Hause.

3. Silvester und Neujahrstag

Die Rauhnächte und der Kampf gegen die bösen Geister

Die zwölf Rauhnächte zwischen dem 21. Dezember, dem Thomastag und Tag der Wintersonnenwende, und dem 6. Jänner, dem Dreikönigstag, wurden im Volksglauben seit vorchristlicher Zeit mit bösen Geistern und Dämonen in Verbindung gebracht. Diese zwölf Nächte sind stark mythologisch behaftet. Die Wilde Jagd, ein gespenstisches Phänomen, treibt ihr Unwesen, Tiere können sprechen, das Tor zur Zwischenwelt öffnet und das Schicksal wendet sich. Seelen, die in der Zwischenwelt gefangen sind, weil sie einen gewaltsamen oder unglücklichen Tod gefunden haben, müssen rastlos durch die Nächte jagen, begleitet von Werwölfen und Dämonen. Frau Percht und ihre Kumpane treiben ihr Unwesen. Menschen sind gut beraten, wenn sie in dieser Zeit ihre Häuser verschließen und den Spuk betend überstehen. So weiß es die Überlieferung. In dieser Zeit ist es Brauch, keine Wäsche zum Trocknen hängen zu lassen. Die Wilde Jagd könnte sich darin verfangen oder den Reizen weißer Wäsche junger Frauen verfallen und diese schänden. In diesen Tagen sollten aber auch die Spinnräder still stehen. Es sollte nicht gewebt und geputzt werden. Man sollte innehalten und Buße tun.

Im Weinviertel hat sich zum Schutz vor Dämonen ein eigenes Brauchtum entwickelt. Es ist in vielen Orten noch üblich, Haus und Stall auszuräuchern. Das Harz des Weihrauches entwickelt beim Erhitzen auf glühenden Kohlen einen aromatischen Duft, dem die Kraft zugeschrieben wird, das Böse aus Haus und Hof zu vertreiben und Segen für das neue Jahr zu bringen.

Viele Bräuche, die wir als überholt betrachten, sind – wenn man sich genau informiert und ihre Entwicklung beachtet –

durchaus sinnvoll. Heute fehlt vielen Menschen das Verständnis für unser Brauchtum, doch liegt es an uns, unseren Kindern das dahinterstehende Gedankengut weiter zu geben und die Bräuche an die heutige Zeit anzupassen.

Schlankltage, mundartlich Schlankltaa

Das Wort »schlankln« kommt von »schlendern«. An den Feiertagen zwischen Weihnachten und Neujahr, an denen das Hausgesinde früher frei hatte und meist die Verwandten besuchen durfte, neigten auch die Landleute zum Schlankln, zum Herumschlendern. Die Keller-Männer des Weinlandes, mundartlich Köllamaunna, trafen sich in den Kellergassen der Orte und feierten in den Presshäusern oft bis nach Mitternacht. In diesen Tagen wurde oft auch Schnaps gebrannt. Heute werden an den Schlankltagen Kellergassen-Führungen oder, etwa in Stoitzendorf in der Kellergasse »Grinzing von Eggenburg«, die Nacht der offenen Kellertüre veranstaltet.

Der heilige Stephanus

Am 26. Dezember wird im Weinviertel der heilige Stephanus als Patron der Pferde, Kutscher, Pferdeknechte, Maurer, Schneider, Steinhauer, Weber und Zimmerleute gefeiert. Der sogenannte Stephanitag wird in erster Linie mit kirchlichen Festen oder auch durch das Veranstalten von Pferdesegnungen begangen. Der Name bedeutet auf Griechisch Siegeskranz. Seine Gegner stießen einst den jüdischen Christen Stephanus aus der Stadt Jerusalem hinaus und steinigten ihn, als er die frohe Botschaft Christi verkündete. So wurde Stephanus der erste Märtyrer der Christenheit. Der heilige

Stephanus wird mit einer Palme in der einen und mit drei Steinen in der anderen Hand dargestellt.

Der heilige Johannes

Der heilige Johannes, der Evangelist, der Jünger, den der Herr liebte, wird am 27. Dezember gefeiert. Sein Name heißt auf Hebräisch Jahwe ist gnädig. Er ist der Patron der Glaser, Kerzenzieher, Fleischhauer, Sattler, Weingärtner und Schriftsteller. Dargestellt wird der heilige Johannes mit einem Adler oder mit dem Federkiel schreibend und die Apokalypse schauend. Johannes oder Johann ist ein sehr beliebter Taufname im Weinviertel, der als Hannes, Hans, Hansi, Jan oder Schani verkürzt oder verniedlicht wird.

Der heilige Silvester

Dieser Heilige wird am 31. Dezember gefeiert. Sein Name heißt auf Latein Waldbewohner. Er war von Geburt Römer, wurde zum Priester geweiht, daraufhin verfolgt und lebte jahrelang im Exil. Silvester starb am 31. Dezember 335 n.Chr. und wurde in der Priscilla-Katakombe an der Via Salaria in Rom beigesetzt. Er ist der Patron der Haustiere und steht in Verbindung mit dem Neujahrs-Brauchtum für ein gutes Futterjahr. Daher ist er für das Weinviertel besonders interessant. Dargestellt wird er unter anderem mit einem Ochsen, einem gefesselten Drachen und einem Olivenzweig, dem Symbol des Friedens.

»Punschbowle«, Ludwig Richter.

Glühwein

Zutaten:

1 Fl.	Rotwein
500 ml	Zitronensaft
1–6	Gewürznelken
1	Zimtstange
1	Zitrone
	Zucker

Zubereitung:
Rotwein, Zitronensaft, Gewürznelken und die Zimtstange in einen Topf geben und bis kurz vor den Siedepunkt erhitzen, dann durch ein Sieb in angewärmte Gläser füllen. Die Zitrone in dünne Scheiben schneiden, diese einschneiden und an jeden Glasrand stecken. Der Zucker steht in einer hübschen Zuckerdose auf dem Tisch, woraus sich jeder nach Geschmack bedienen kann.

Zubereitungszeit: ca. 15 Minuten

Neues Jahr und alte Vorsätze

Das Schicksal der guten Vorsätze wiederholt sich alljährlich. Der Jahreswechsel lässt in uns den Wunsch aufkommen, mit dem alten Jahr aufzuräumen und im neuen Jahr vieles besser zu machen. Den Vorsätzen und Worten folgen aber nicht immer Taten. Es kann schon sein, dass am Morgen des 1. Jänner das Aufstehen schwer fällt und der Kopf dröhnt. Hatte doch die rauschende Silvesternacht ihre spürbaren und sichtbaren Spuren hinterlassen. Im Weinviertel wird in den Familien, aber auch auf den Straßen und Plätzen gelacht, getanzt und ausgiebig gefeiert. Mit Feuerwerken wird das alte Jahr verabschiedet und das Neue gebührend empfangen. Auf beides wird tüchtig mit Alkohol angestoßen. Gläser werden erhoben, Wünsche ausgesprochen, Marzipan-Glücksschweinchen und Schoko-Rauchfangkehrer sowie vierblättriger Klee verteilt. Man verschenkt reichlich Küsse, und wenn man Glück hat, kommen ebenso viele zurück. Die letzten Sekunden bis zur Mitternacht werden herunter gezählt. Und dann dreht man sich zum Donauwalzer, egal, wie der Untergrund ist, ob Schnee, Wiese oder Parkett.

Dann wird Bilanz gezogen, das Schlechte über Bord geworfen, eine neue Zeitrechnung, ein neuer Anfang. Mehr Sport betreiben und weniger rauchen, das ist die Devise. Was in dieser feuchten Nacht über die Lippen kommt, ist in Wahrheit nicht so einfach umzusetzen. Aber das neue Leben beginnt ja erst morgen ... Heute können wir noch dem Laster frönen. Schließlich kommt ja bald wieder Silvester und wieder ein neues Jahr. Aber zur

Beruhigung: Es gibt ihn tatsächlich, den inneren Schweinehund: Er sitzt im limbischen System unseres Gehirns. Dieses ist für unsere Emotionen zuständig. Rationale Gedanken, die unserer Gefühlslage zuwider laufen, prallen dort ab. Die emotionale Macht fragt sich, was sie davon hätte. Ohne inneren Antrieb läuft also keine Veränderung. Der Mensch ist nach Silvester immer noch derselbe. Schade oder Gott sei Dank!

Prosit Neujahr! Der Morgen ist da. Wir gehen zu den Nachbarn, um Glück zu wünschen. Wir wünschen alles Gute beim Friedensgebet in den Kirchen. Wir stehen auf den Kirchenplätzen, reichen einander die Hände und umarmen einander: Prosit Neujahr! Prosit Neujahr! Und wir sprechen gute Wünsche aus:

Sprüche zum Jahreswechsel

Elisabeth Schöffl-Pöll

Wieder ist ein Jahr zu Ende
und ich halte meine Hände
schon dem Neuen hin.

Gieß in diese Hände Segen,
lasse meine Hände regen
für des Lebens Sinn!

Lass mir ein Licht zurück,
das mir hineinleuchte
in die Ungewissheit
kommender Tage!

Der Worte schon zu viel' gesagt,
es zählt nur noch die Liebe.

Der Taten schon zu viel' gesetzt.
Auf dass die Liebe bliebe!

Für den kirchlichen Segen zum Jahresrückblick wird fleißig musikalisch geprobt.

Keltischer Neujahrs-Segen

Möge Gott die unstillbare Sehnsucht ausgießen
in unsere Herzen!

Möge Gott uns den Mut zum Träumen geben und
die Kraft, jeden Tag neu den Aufbruch zu wagen!

Möge Gott uns voranziehen
und zugleich unser Schutz sein!

Und möge Gott uns ein Leben in Fülle schenken,
damit wir das Lied der Erlösung singen.

Rumgrog

Zutaten (pro Glas):

2 TL Zucker
2 Gläschen Rum
kochend heisses Wasser

Zubereitung:

Rum und Zucker in ein Teeglas füllen und verrühren, bis der Zucker nicht mehr knirscht. Dann kommt das heiße Wasser dazu und fertig ist der Grog.

»Das Kind fängt die Sterntaler im Hemd auf«, Ludwig Richter.

Apfelbrot

Zutaten:

500 g	Äpfel (Boskop)
1	Zitrone
165 g	Rosinen
100 g	ganze Haselnüsse
150 g	Zucker
½ TL	Zimt
½ TL	gemahlene Nelken
½ TL	Kakaopulver
1 Glas	Rum
330 g	Mehl
½ Pkt.	Backpulver
	Salz

Zubereitung:
Äpfel schälen, entkernen und in kleine Würfel schneiden. Mit etwas Zitronensaft beträufeln, damit die Apfelwürfel nicht braun werden. Rosinen, Haselnüsse, Zucker, Zimt, Nelken, Kakao und Rum zu den Äpfeln geben und gut vermischen. Einige Stunden ziehen lassen, am besten über Nacht. Mehl mit Backpulver vermischen und unter die Zutaten vom Vortag mengen. Eine Prise Salz dazugeben und in eine Kastenform füllen. Im vorgeheizten Backofen bei 180°C backen, bis das Brot Farbe annimmt. Einstechen, um zu prüfen, ob der Teig schon fest ist.

Zubereitungszeit: ca. 45 Minuten bzw. zwei Tage

Silvesternacht

Ludwig Thoma

Und nun, wenn alle Uhren schlagen,
so haben wir uns was zu sagen,
was feierlich und hoffnungsvoll
die ernste Stunde weihen soll.

Zuerst ein Prosit in der Runde!
Ein helles und aus frohem Munde!
Ward nicht erreicht ein jedes Ziel,
wir leben doch, und das ist viel.

Noch einen Blick dem alten Jahre,
dann legt es auf die Totenbahre!
Ein neues grünt im vollen Saft!
Ihm gelte unsre ganze Kraft!

Wir fragen nicht: Was wird es bringen?
Viel lieber wollen wir es zwingen,
dass es mit uns nach vorne treibt,
nicht rückwärts geht, nicht stehen bleibt.

Nicht schwächlich, was sie bringt, zu tragen,
die Zeit zu lenken, lasst uns wagen!
Dann hat es weiter nicht Gefahr.
In diesem Sinne: Prost Neujahr!

Was wird das Neue Jahr bringen? Bald wird der Christbaum abgeräumt, denkt Mona mit Wehmut.

Lasst uns froh das Jahr beschliessen

Volksgut

Lasst uns froh das Jahr beschließen,
was es immer auch gebracht!
Mocht' uns manches auch verdrießen,
haben wir doch mehr gelacht
Voller Freude, voller Lust,
laut hinaus aus voller Brust.

Lasst uns froh ins Neue schauen,
dass es stets nur Gutes bringt!
Lasst uns blind darauf vertrauen,
dass uns alles wohl gelingt,
Was wir planen, was wir hoffen.
Hold steh' uns die Zukunft offen.

Lasst uns froh die Gläser heben
auf ein gutes, neues Jahr!
Fördern soll es unser Streben,
bannen soll es Notgefahr.
Horchet, wie die Glocken klingen!
Frieden sollen sie uns bringen.

»Eine Frage«, Ludwig Richter.

Rezept für ein gutes Jahr

Katharina von Goethe

Man nehme zwölf Monate, putze sie ganz sauber von Bitterkeit, Geiz, Pedanterie und Angst und zerlege jeden Monat in 30 oder 31 Teile, sodass der Vorrat genau für ein Jahr reicht. Es wird jeder Tag einzeln angerichtet aus einem Teil Arbeit und zwei Teilen Frohsinn und Humor. Man füge drei gehäufte Esslöffel Optimismus hinzu, einen Teelöffel Toleranz, ein Körnchen Ironie und eine Prise Takt. Dann wird die Masse sehr reichlich mit Liebe übergossen. Das fertige Gericht schmücke man mit Sträußchen kleiner Aufmerksamkeiten und serviere es täglich mit Heiterkeit und mit einer guten, erquickenden Tasse Tee.

Silvester-Bowle

Zur Feier des Jahreswechsels darf ein leckeres Getränk nicht fehlen! Wir gönnen uns diesmal einen Party-Klassiker aus dem letzten Jahrtausend: Bowle. Na dann, Prosit Neujahr!

Erdbeer-Bowle ist eine süße, fruchtige Bowle, die sich hervorragend als Aperitif bei Festen und Partys anbietet.

Zutaten:

500 g	Erdbeeren
5	Erdbeeren zum Verzieren
1 l	Sekt
2 l	Weißwein
1	Zitrone
	etwas Zuckersirup

Zubereitung:
Die Erdbeeren halbieren und in eine Bowlenschüssel geben, mehrere Zitronenspalten hinzufügen und mit Weißwein aufgießen. Danach für eine Stunde in den Kühlschrank stellen. Die zweite (kalte) Flasche Wein in die Schüssel gießen und eventuell mit Zuckersirup nachsüßen. Danach mit kaltem Sekt übergießen. Den Rand der Schüssel mit Zitronenspalten und Erdbeeren verzieren und servieren.

Österreichische Silvestertradition

Um Punkt Mitternacht beginnt die riesige Glocke im Wiener Stephansdom zu läuten. Während die Pummerin, wie diese Glocke landläufig genannt wird, das neue Jahr einläutet, beginnt die Übertragung des Donauwalzers im Österreichischen Rundfunk. Viele Menschen tanzen in die Nacht hinein, und wer das Tanzen nicht so schätzt, darf sich auf die Ausstrahlung des berühmten Silvester-Sketches im »Dinner for One« des ORF freuen. Eine religiöse Ausprägung der österreichischen Silvestertradition ist der Mitternachtsgottesdienst. Den krönenden Abschluss des vergangenen Jahres bietet das Erheben des Sektglases und ein lautes »Prosit Neujahr!«.

Seit dem zweiten Jahrhundert vor Christus war der 1. Jänner Jahresbeginn in Rom, im Jahr 1691 legte ihn auch Papst Innozenz XII. als Neujahrstag fest. Zuvor hielten sich die Christen an andere Jahresanfänge. Noch immer beginnt das Kirchenjahr am ersten Adventsonntag und anstelle des bürgerlichen Neujahrs steht das Hochfest der Gottesmutter Maria im Kalendarium. Die Römer feierten um diese Zeit das Fest des doppelgesichtigen Gottes Janus. Die frühe Kirche rief zur Buße auf, zelebrierte Messen zum Fernhalten vom Götzendienst (ad prohibendum ad idolis) und legte später ein Marienfest auf den Oktavtag von Weihnachten.

Die Silvesternacht ist die lauteste Nacht des Jahres. Zu den Bräuchen des Übergangs von einem Jahr ins andere zählen Lärm, Neujahrsblasen oder -schießen, Glockengeläute, Licht und Feuerwerke, Orakel, Glückwünsche und Glückssymbole, wie etwa das Bleigießen. Dabei sucht man das Schicksal des kommenden Jahres zu ergründen. Zum Jahresbeginn hofft man auf ein gutes Omen. »Wie der Anfang so das Ganze«, lautet das Motto, das schon die Römer kannten: Gut essen, Geld oder Geschenke bekommen, sich schön anziehen, fröhlich sein und es sich gut gehen lassen. Zeichen dafür sind die Glückssymbole, die man einander zu Silvester schenkt. Orakelhafte Bedeutung sprach man dem »Angang« zu. Je nachdem, wer einem als erster begegnete, wurde dies als künftiges Glück (Kind) oder Unglück (Nonne, Greis) gedeutet. Neujahrswünsche wurden persönlich entboten oder als Postkarten verschickt.

Neujahrswünsche

Neujahr ist die feierliche Zeit, in der wir das vergangene Jahr verabschieden und das Neue voller Hoffnung willkommen heißen. An keinem anderen Tag im Jahr nehmen die Menschen sich so viele Vorsätze vor wie zu Silvester. Ebenso werden über alle Medien – ob nun klassisch per Brief oder schnell per SMS Neujahrswünsche an Freunde, Bekannte und Geschäftskunden verschickt.

Bauernregeln

- Ist's in den Zwölf Nächten mild, sind sie milden Winters Bild.
- Bringt St. Stephan (26. Dezember) Wind, die Winzer nicht fröhlich sind.
- Windstill muss St. Stephan sein, soll der nächste Wein gedeih'n.
- Silvesterwind und warme Sonn' werfen jede Hoffnung in den Bronn'.
- Neujahrsnacht still und klar, deutet auf ein gutes Jahr.
- Neujahrsnacht hell und klar, deutet auf ein reiches Jahr.
- Morgenrot am ersten Tag bringt Unwetter und große Plag.
- Wenn es zu Neujahr schneit, gibt es viele Bienenschwärme.
- Neujahrssonnenschein lässt das Jahr fruchtbarer sein.
- Wenn's um Neujahr Regen gibt, oft um Ostern Schnee noch liegt.
- Ein Jahr, das schlecht will sein, stellt sich schwimmend ein.

Im Weinviertel ist ein Fest ohne Wein und Kunst für Erwachsene undenkbar.

Die beliebtesten Silvesterbräuche

Silvesterbräuche mögen manchen Leuten wohl auf die Nerven gehen. Andere wiederum praktizieren sie ausgiebig und gerne, weswegen wir hier einmal einen Überblick über die besten Traditionen im Weinviertel geben wollen.

Bleigießen: Dies ist der absolute Silvester-Klassiker! Das Bleigießen ist ein Orakel-Brauch, der schon im alten Rom zur Anwendung kam und im Weinviertel mit Freude und Humor betrieben wird. Es ist ein netter Zeitvertreib, der keinerlei großer Vorbereitungen bedarf. Sets zum Bleigießen, bestehend aus einem speziellen Löffel und Bleifiguren, können sehr günstig im Handel oder auf Christkindlmärkten erworben werden. Weiters benötigt man eine Kerze, eine Schüssel mit Wasser und eine feuerfeste Unterlage, da Bleispritzer unvermeidlich sind.

Das Bleistück wird über der Kerzenflamme geschmolzen. Flüssig wird es möglichst rasch in kaltes Wasser gestürzt. Das durch die rasche Abkühlung entstandene Gebilde dient als Deutungsobjekt für zukünftige Ereignisse im neuen Jahr. Außerdem kann die entstandene Figur gegen Kerzenlicht gehalten und deren Schatten zur Deutung verwendet werden. Es gibt eine ganze Menge an Deutungsvorschlägen, wobei die Interpretation des Gebildes letztendlich jedem selbst überlassen bleibt.

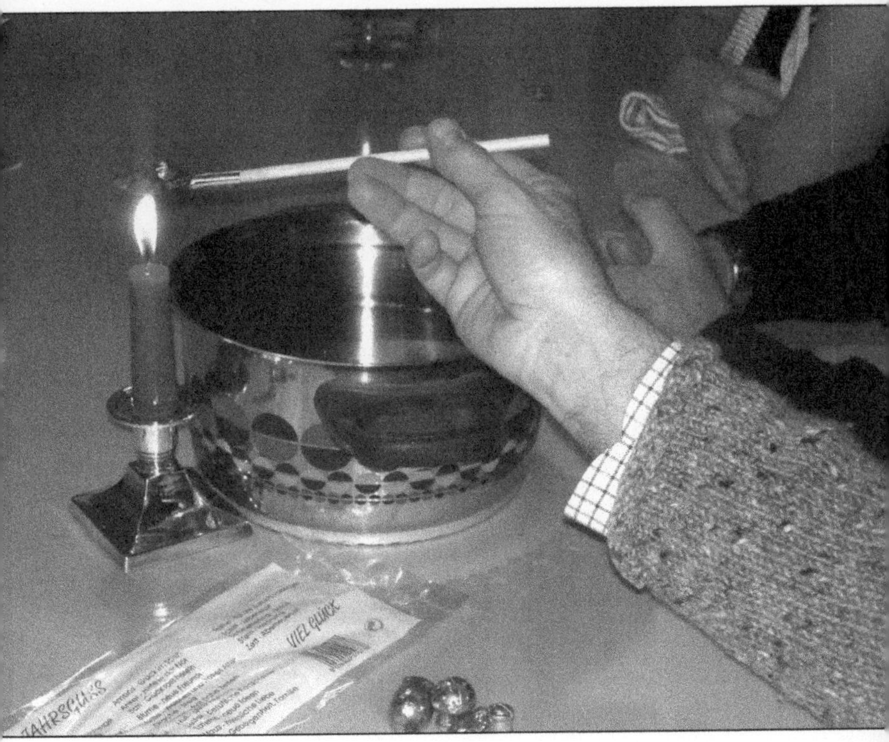

Im Bleigießen offenbart sich das Schicksal des Neuen Jahres.

Deutungsvorschläge:

Auto: Unternehmungen und Risiko 

 *Blume:* neue Freundschaften

Dolch: Siege und Triumphe 

 *Schwein:* Glück

Klee: Zufriedenheit 

 *Insel:* Einsamkei

Fischbiskotten: Biskotten in Fischform werden gerne zu Mitternacht gegessen und sollen besonders viel Glück bringen!

Silvesteressen: Zu Silvester sollte man kein Geflügel essen, sondern Fisch oder Schwein, beides bringt Glück. Bei Geflügel besteht die Gefahr, dass das Glück im nächsten Jahr davonfliegt. Im ans Weinviertel angrenzenden Tschechien werden Linsen gegessen, die für Reichtum im nächsten Jahr sorgen sollen.

Rote Unterwäsche: Ein interessanter Brauch aus Italien wird unter Jugendlichen auch in unseren Breiten gepflogen: Zu Silvester soll rote Unterwäsche getragen werden. Das bringt Glück für das neue Jahr, besonders in Bezug auf Liebe und Beziehungen. Die Unterwäsche muss aber am 1. Jänner unbedingt weggeworfen werden. Auch weiße Kleidung bringt Glück und Frieden für das neue Jahr.

Münz-Brot: In manchen Vereinen liebt man Brot, in das Münzen eingearbeitet werden. Wer beim Essen auf eine Münze beißt, darf sie behalten.

Trauben essen: Kurz vor Mitternacht exakt zwölf Weintrauben zu verspeisen, das bringt Glück, aber Vorsicht, zu wenige Trauben oder zu viele bringen Unglück. Mit jeder Traube kann man sich etwas für das nächste Jahr wünschen.

Whiskey: Whiskey und Sekt stehen für einen guten Rutsch ins neue Jahr, Rosinenbrot und Kohle bringen ebenfalls Glück.

Apfelorakel: In Tschechien wird ein Apfel in zwei Hälften geschnitten, das Kerngehäuse informiert über Glück oder Unglück im neuen Jahr.

Wäsche abhängen: Zu Silvester Wäsche in der Wohnung hängen zu haben, ist keine gute Idee. Denn in der Nacht vom 31. Dezember auf den 1. Jänner, die auch als Rauhnacht bezeichnet wird, schwirren die Seelen der Verstorbenen durch die Gegend, die sich leicht in der Wäsche verfangen können.

Walzertanzen: Allerorten tanzt man ins neue Jahr, nämlich zu den Klängen des Donauwalzers, der um null Uhr im Österreichischen Rundfunk und bei Silvesterbällen gespielt wird. Ist der Countdown ins neue Jahr gezählt und fliegen die ersten Raketen in den Himmel, wird schwungvoll getanzt. Die beschwingten, fröhlichen Tanzschritte sollen in ein unbeschwertes neues Jahr geleiten.

Guten Rutsch und Prosit Neujahr!: Diese Glückwünsche sind rund um Silvester ständig zu hören. Einen »Guten Rutsch ins Neue Jahr!« wünscht man sich weniger wegen des Glatteises, das um Silvester häufig herrscht, auch mit dem hinein Rutschen ins neue Jahr hat der Wunsch wenig zu tun. Vielmehr geht dieser Ausspruch auf das jiddische Wort »Rosch« bzw. auf das hebräische Wort »Rosh« zurück, was so viel bedeutet wie Anfang. Man wünscht sich also mit dem »guten Rutsch« schlicht und einfach einen guten Jahresanfang. Mit »Prosit Neujahr!« wünscht man einander Erfolg und Glück fürs neue Jahr. Prosit kommt aus dem Lateinischen und bedeutet »es möge gelingen«. Und das wünschen wir uns doch alle!

Glücksbringer: Kleine Figuren, die an Familie, Freunde und Verwandte verschenkt werden, sollen Glück im neuen Jahr bringen. Besonders beliebt sind kleine Schweinchen, Hufeisen, Rauchfangkehrer, vierblättrige Kleeblätter und Marienkäfer. Geldmünzen aus Plastik oder Schokolade sollen für Reichtum und Wohlstand im neuen Jahr sorgen. Und mit einem bisschen Phantasie und Aberglauben werden all diese Wünsche tatsächlich wahr.

»Christmarkt«, Ludwig Richter.

Neujahrswunsch

Volksgut

Ein neues Jahr nimmt seinen Lauf,
die junge Sonne steigt herauf.
Bald schmilzt der Schnee, bald taut das Eis,
bald schwillt die Knospe schon am Reis.
Bald werden die Wiesen voll Blumen sein,
die Äcker voll Korn, die Hügel voll Wein.
Und Gott, der ewig mit uns war,
behüt' uns auch im neuen Jahr.
Und ob wir nicht bis morgen schau'n,
wir wollen hoffen und vertrau'n.

Zu Neujahr

Wilhelm Busch

Will das Glück nach seinem Sinn
dir was Gutes schenken,
sage Dank und nimm es hin
ohne viel Bedenken.
Jede Gabe sei begrüßt,
doch vor allen Dingen
das worum du dich bemühst,
möge dir gelingen.

Turmblasen

Beim Turmblasen handelt es sich um einen christlichen Brauch, bei dem von einem Kirchturm herab Blasmusik ertönt, wobei sich die Zuhörer unmittelbar unter dem Turm versammeln. Während die Ursprünge des Turmblasens im Aufgabenbereich des inzwischen verschwundenen Berufs des Türmers anzusiedeln sind, wird der Brauch heute von Blasmusikern unterschiedlichster Herkunft und oft in Verbindung mit dem Weihnachtsfest ausgeübt. Dieser Brauch ist im Weinviertel sehr verbreitet, da es in jedem Ort eine zünftige Blasmusik oder Trachtenkapelle gibt. Das Turmblasen findet sowohl am Heiligen Abend als auch zu Silvester jeweils vor den kirchlichen Andachten statt. Von Gemeinde zu Gemeinde sind kleine Unterschiede zu beobachten.

4. Der Dreikönigstag

»Dreikönigslied«, Ludwig Richter.

Die Heiligen Drei Könige

Man weiß aus der Bibel nur sehr wenig über die Männer aus dem Morgenland. Die Übersetzung mit dem Wort Könige kam erst später dazu. Magier, Sterndeuter oder Weise ist wohl korrekter. Die Sternsinger gibt es in der uns bekannten Gestalt erst seit dem fünften Jahrhundert. Der Überlieferung zufolge steht jeder Sternsinger für einen der Erdteile Afrika, Asien und Europa. Der Stern zeigt an, dass der Retter geboren ist, der uns die Pläne des Himmlischen enthüllt, aber auch Wege zeigt, auf denen es für uns auf Erden Licht wird. Sternsinger kommen in die Häuser und verkünden denjenigen, den die Weisen auf langen Wegen gesucht haben. Und fast alle lassen sich von der Frohen Botschaft packen und spenden für die Ärmsten der Armen. Tausende Buben und Mädchen sind ab dem 27. Dezember bei jedem Wetter mit ehrenamtlichen Begleitern als Sternsinger unterwegs. Ihnen bleibt kaum eine Türe verschlossen. Mit ihren Liedern verkünden die Kinder unermüdlich die wichtige Weihnachtsbotschaft der Nächstenliebe. Wo Sternsinger über die Felder gehen, werden diese im neuen Jahr doppelte Ernte tragen.

Die alljährliche Aktion wurde von der Katholischen Jungschar ins Leben gerufen und gepflegt. Caspar, Melchior und Balthasar singen »unter dem guten Stern« für Hilfsprojekte der Dreikönigsaktion in Ländern des Südens. Sie wünschen den Familien Glück und Segen und ein friedvolles neues Jahr. Dann schreiben sie an die Türbalken 20 C+M+B 13. Sternsinger eröffnen aber auch die weihnachtliche Marathon-Spendenaktion des ORF »Licht ins Dunkel«. Auch Fastentücher werden zu diesem Thema gestaltet, so auch das Fastentuch der Welt von Sepp Jahn und Edith Hirsch, das im Dominikanerinnenkloster in Kirchberg am Wechsel zu besichtigen ist und eine besondere geistliche Erbauung darstellt.

Dreikönigskuchen

Zutaten:

½ Wf	Hefe oder
1 Pkt.	Trockenhefe
250 ml	warme Milch
1 TL	Salz
5 TL	Zucker
500 g	Mehl
50 g	Butter
2	Eier
80 g	Rosinen
1	Bohne
1 EL	Obers
100 g	Hagelzucker
100 g	Mandelsplitter

Zubereitung:

Hefe zerbröckeln und in die erwärmte Milch einrühren (oder Trockenhefe unter das Mehl mischen). In einer großen Schüssel Salz, Zucker und Mehl mischen. Die Butter schmelzen und in das Milch-Hefe-Gemisch gießen, dann mit in die Schüssel geben. Ein Ei verquirlen und ebenfalls dazugeben. Den Teig kneten, bis er schön geschmeidig ist. Dann die Rosinen dazugeben und ebenfalls gut unterheben. Den Teig zugedeckt an einem warmen Ort auf das doppelte aufgehen lassen. Den Teig vierteln. Ein Viertel zu einer großen Kugel, dem Mittelstück des Kuchens, formen. Die anderen Viertel halbieren, zu sechs Kugeln formen und in einer Kugel die Bohne (den König) verstecken. Die kleinen Kugeln rund um das Mittelstück anordnen, Klebestellen mit etwas Wasser bepinseln und andrücken. Obers und ein Eigelb verquirlen, den Dreikönigskuchen ein wenig flachdrücken und mit dem Gemisch einstreichen. Den Ofen auf 200°C vorheizen, solange den Kuchen nochmals aufgehen lassen. Erst dann in den Ofen schieben und ca. 40 Minuten backen. Den Kuchen mit Hagelzucker und Mandelsplittern verzieren und auskühlen lassen.

Zubereitungszeit: 2 bis 3 Stunden

Der Esel und das Eis

Leonardo da Vinci

Es war einmal ein müder Esel, der vermeinte, nicht mehr bis zum Stall gehen zu können. Es war Winter und sehr kalt, alle Straßen waren vereist. »Ich bleibe hier«, sagte der Esel und ließ sich zu Boden fallen. Ein kleiner, hungriger Spatz näherte sich ihm und flüsterte ihm zu: »Esel, du bist nicht auf der Straße, sondern über einem zugefrorenen See. Gib Acht!«

Der Esel, schläfrig, gähnte genüsslich und schlief ein. Aber seine Körperwärme begann nach und nach das Eis aufzutauen, bis es mit einem Krachen brach. Als sich der Esel im Wasser wiederfand, fühlte er sich doch sehr beunruhigt. Aber jetzt war es zu spät und er ertrank.

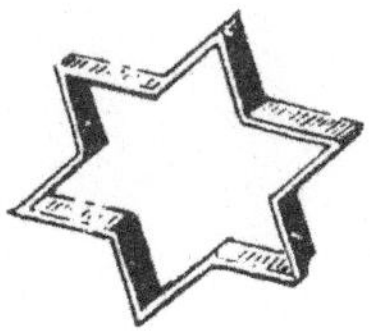

Die Heiligen Drei Könige auf dem Fastentuch in Kirchberg.

AUSTRIA

Epiphaniasfest

Johann Wolfgang von Goethe

Die Heiligen Drei König' mit ihrem Stern,
sie essen, sie trinken und bezahlen nicht gern,
Sie essen gern, sie trinken gern,
sie essen, trinken und bezahlen nicht gern.

Die Heil'gen Drei König' sind gekommen allhier,
es sind ihrer drei und sind nicht ihrer vier,
und wenn zu dreien der vierte wär',
so wär' ein Heil'ger Drei König mehr.

Ich erster bin der weiß' und auch der schön',
bei Tage solltet ihr erst mich seh'n!
Doch ach, mit allen Spezerein
werd ich sein Tag kein Mädchen mir erfrein.

Ich aber bin der braun' und bin der lang',
bekannt bei Weibern wohl und bei Gesang.
Ich bringe Gold statt Spezerein,
da werd ich überall willkommen sein.

Ich endlich bin der schwarz' und bin der klein'
und mag auch wohl einmal recht lustig sein.
Ich esse gern, ich trinke gern,
ich esse, trinke und bedanke mich gern.

Die Heil'gen Drei König' sind wohlgesinnt,
sie suchen die Mutter und das Kind,
der Joseph fromm sitzt auch dabei,
der Ochs und Esel liegen auf der Streu.
Wir bringen Myrrhen, wir bringen Gold,
dem Weihrauch sind die Damen hold,
und haben wir Wein von gutem Gewächs,
so trinken wir drei so gut als ihrer sechs.

Da wir nun hier schöne Herrn und Frau'n.
Aber keine Ochsen und Esel schau'n,
so sind wir nicht am rechten Ort
und ziehen unseres Weges weiter fort.

Ein Neujahrsgruß auf einer Postkarte aus dem Jahr 1934.

RE

Bildnachweis

Es war einmal. Ein Bilderbuch von Dresdner Künstlern, Dresden 1862, S. 152.

Groth, Klaus: *Voer de Goern. Kinderreime alt und neu*, Leipzig 1858, S. 76,77.

Georg Scherer's illustriertes Kinderbuch, Leipzig 1869, S. 50, 51, 94.

J. Gaber's Atelier für Holzschneidekunst (Hrsg.): *Christenfreude in Lied und Bild*, Reinick, Leipzig 1855, S. 128.

R.: *J. P. Hebel's alemannische Gedichte*, Leipzig 1851, S. 126, 159.

Reuscher, Julius: *H. C. Andersen's Märchen*, Berlin 1851, S. 121.

Richter, Ludwig: *Beschauliches und Erbauliches*, Leipzig 1853, S.171.

Richter, Ludwig: *Für's Haus. Im Winter*, Dresden 1858, S. 30, 66, 108.

Richter, Ludwig: *Für's Haus*, Dresden 1860. S. 117.

Richter, Ludwig: *Gesammeltes für's Haus*, Dresden 1869, S. 58, 59, 175.

Richter, Ludwig: *Was bringt die Botenfrau*, Erster Tragekorb, Leipzig 1850, S. 22, 99.

Sächsischer Volkskalender für das Jahr 1842, Hrsg. Gustav Nieritz, Leipzig 1842, S. 10, 18, 144.

Sächsischer Volkskalender für das Jahr 1847, Hrsg. Gustav Nieritz, Leipzig 1847, S. 103.

Traugott, Johann: *An der Krippe zu Betlehem*, Dresden 1852, S. 41, 45.

Alle anderen Bilder stammen aus dem Archiv der Verfasser.

Bitte beachten Sie auch die folgenden Buchhinweise.

Buchhinweis

ISBN: 978-3-95400-174-3 | 17,95 €

Es sind spannende, gruselige und mitunter auch romantische Erzählungen, nicht zu vergessen die interessanten Fotos.

Niederösterreichische Nachrichten

Buchhinweise

ISBN: 978-3-86680-475-3 | 18,90 €

ein kaleidoskopisch bildhafter Abriss der historischen Ereignisse

Niederösterreichische Nachrichten

Buchhinweise

ISBN: 978-3-89702-549-3 | 18,90 € [D]

Richard Edls Bildband vermittelt tiefe Einblicke in längst verschwundene bäuerliche Kultur im Weinviertel.

APA

Buchhinweise

ISBN: 978-3-89702-780-0 | 18,90 € [D]

ein wichtiger Meilenstein zum Verständnis der Geschichte des westlichen Weinviertels

Das Waldviertel